Die Kinder von der Fischerinsel

Andreas Ulrich

Die Kinder von der Fischerinsel

BeBra Verlag

Abbildungsnachweis:
Helgard Behrendt (NBI 26/73): S. 77; DEFA-Stiftung: S. 100, 103; Ingrid Feix: S. 17 u.; Axel Mauruszat: S. 223 o.; Roger Melis: S. 144; Sascha Nolte: S. 202; Peter Palm, Berlin: S. 219 (Karte); Privat: S. 13, 27, 33, 41, 45, 49, 52, 59, 60, 81, 86, 97, 106, 110, 112, 123, 139, 157, 164, 175, 185, 190, 202, 207, 209, 212, 219, 221, 223 u., 224 l. u. r.; Andreas Ulrich: S. 135, 215; Wikimedia Commons: S. 17 o., 127

Bibliografische Information der Deutschen Nationalbibliothek
Die Deutsche Nationalbibliothek verzeichnet diese Publikation in der Deutschen Nationalbibliografie; detaillierte bibliografische Daten sind im Internet über http://dnb.d-nb.de abrufbar.

3. Auflage

Asternplatz 3, 12203 Berlin
post@bebraverlag.de
Lektorat: Ingrid Kirschey-Feix, Berlin
Umschlag: Manja Hellpap, Berlin
Satz: typegerecht berlin
Schrift: Stempel Garamond 10,5/15 pt
Druck und Bindung: GGP Media GmbH, Pößneck
ISBN 978-3-8148-0250-3

www.bebraverlag.de

Inhalt

Hochhaus-Kinder

Eine Insel mitten in der Stadt. In Paris haben sie ihre Île de la Cité. Berlin hat seine Spreeinsel, deren Umrisse auf dem Stadtplan aussehen wie ein Space Shuttle, das Richtung Nordwesten fliegt. Vorne an der Raketenspitze, um im Bild zu bleiben, steht das Bode-Museum. Gleich dahinter folgen Pergamonmuseum, Nationalgalerie, Neues und Altes Museum, weshalb das nördliche Ende der Spreeinsel auch Museumsinsel genannt wird.

Dieses nördliche Ende, auf dem auch der wuchtige Berliner Dom steht, ist weltberühmt.

Nicht nur, weil der Berliner es immer gerne hat, wenn irgendwas weltberühmt ist in seiner Stadt, sondern tatsächlich. Im letzten Jahr vor Corona, 2019, kamen zweieinhalb Millionen Besucher zur Museumsinsel, die seit 1999 auf der Liste des UNESCO-Weltkulturerbes steht.

Der anschließende Abschnitt der Spreeinsel möchte in den nächsten Jahren ebenfalls weltberühmt werden. Das nachgebaute Berliner Stadtschloss nämlich, in dem das Ethnologische Museum, das Museum für Asiatische Kunst und die Berlin-Ausstellung des Stadtmuseums zu besichtigen sind. Das Stadtschloss wird sozusagen eine Art Verlängerung der Museumsinsel. Abgesehen davon schauen sich Touristen überall auf der Welt gerne Schlösser an, selbst wenn die nur Attrappe sind.

Das mittlere Stück der Spreeinsel, der Bauch des Space Shuttle sozusagen, ist nicht direkt berühmt, aber wichtig. Da gibt es das ehemalige DDR-Staatsratsgebäude, in dem inzwischen eine private Hochschule untergekommen ist. Die Berliner Stadtbibliothek ist hier zu Hause mit ihrer historischen Berlin-Sammlung, ebenso wie die Industrie- und Arbeitgeberverbände, die sich ihr Haus der deutschen Wirtschaft, einen wuchtigen Glaspalast, auf die Spreeinsel geklotzt haben.

Womit wir schon beim dicken Ende der Insel wären.

Auf dem Stadtplan ist das der Abschnitt südlich von Gertraudenstraße und Mühlendamm. Touristen verlaufen sich nur selten an dieses Ende der Insel. Schließlich stehen hier lediglich ein halbes Dutzend Wohnhochhäuser aus den siebziger Jahren.

Im Vergleich zur prominenten Spitze des Space Shuttle wirkt die Szenerie hier eher unscheinbar. Doch der oberflächliche Eindruck täuscht. Die »Fischerinsel«, wie die Hochhaus-Siedlung heißt, kann es in Sachen Prominenz locker mit dem Rest der Spreeinsel aufnehmen. Hier gibt es zwar keine tausend Jahre alten Steinportale, dafür aber spannende Geschichten von noch lebenden Menschen. Die Fischerinsel ist im wahrsten Sinne des Wortes einer der prominentesten Flecken Berlins. An keinem Ort in der DDR wohnten einst so viele VIPs wie in dieser Hochhaussiedlung.

Als Kind habe ich sie in den siebziger Jahren alle gesehen auf der Fischerinsel. Die berühmten Schauspieler, Musiker, Schriftsteller und Staatsfunktionäre, bei denen die Wohnlage mitten in der Hauptstadt ausgesprochen beliebt war. Jedes von uns Kindern konnte mit den Namen von Prominenten prahlen, die im eigenen Haus wohnten. Bei uns im Haus sahen wir den Schauspieler Volkmar Kleinert vom Deutschen Theater, den wir Kinder aber vor allem aus seinen vielen Filmrollen kannten. Kleinert wurde mit Vorliebe als Bösewicht besetzt. Als Fünftklässler war mir stets etwas mulmig, wenn ich ihn bei uns im Haus traf. Im Nachbarhaus ging Schlagersänger Frank Schöbel ein und aus. Seine Schwiegereltern wohnten dort, also die Eltern von Aurora Lacasa, die mit Schöbel und den gemeinsamen Töchtern später diese legendäre Weihnachts-Schallplatte aufnahm. Das Album aus dem Jahr 1985, die zu DDR-Zeiten meist verkaufte Schaltplatte, wird zur Weihnachtszeit noch heute bei vielen ostdeutschen Familien aufgelegt. Auch Schlagersängerin Regina Thoss hatte sich auf der Fischerinsel niedergelassen, ebenso wie Kinderbuchautor Benno Pludra. In der Nummer neun lebte die Dichterin Sarah Kirsch, die später gedroht haben soll, sie würde aus dem Fenster springen, wenn sie nicht in den Westen ausreisen dürfe. Kirsch wohnte im siebzehnten Stock. Auf dem Parkplatz neben unserem Haus parkte regelmäßig der gelbe Sportwagen von Herbert Köfer. Die Nachbarn tuschelten über die jungen Damen, die man angeblich regelmäßig in Begleitung des berühmten Volksschauspielers sah. Auch der Chef der Auslandsspionage, Markus Wolf, wohnte in einem der Hochhäuser. Zu jener Zeit suchten die West-Geheimdienste noch fieberhaft nach einem Foto von Wolf. Auf der Fischerinsel hätten sie ihn jederzeit ablichten können, wenn er mit seinen Kindern und Enkelkindern dort spazieren ging.

Apropos Kinder. Dieses Buch erzählt von den Kindern der Fischerinsel. Denn in die meisten der 1.500 Wohnungen des Viertels zogen vor fünfzig Jahren Familien. So wie wir Ulrichs, Mutter, Vater und vier Kinder.

Ich war zehn Jahre alt, als wir im Herbst 1970 in unsere Vier-Raum-Wohnung auf die Fischerinsel zogen, Hausnummer sechs, Wohnung 01/06. Unser Haus war als drittes im Neubaugebiet »Fischerinsel« fertig geworden. Am Ende waren es sieben Hochhäuser, jedes sechzig Meter hoch.

Die Nummerierung der Gebäude war etwas seltsam. Dem ersten Hochhaus hatten sie die Nummer zwei gegeben, es folgten die Eins, dann die Sechs, später die Zehn, die Neun und das zuletzt errichtete Doppelhochhaus kriegte die Nummern vier und fünf.

Dass unsere Hochhäuser an einer der ältesten Stellen Berlins standen, davon hatten wir Kinder damals keine Ahnung. Anfang des 13. Jahrhunderts war an der Stelle der heutigen Fischerinsel das Örtchen Cölln gegründet worden. Auf der anderen Seite der Spree entstand zur gleichen Zeit die Siedlung Berlin. Beide Orte vereinigten sich bald darauf und gaben sich den gemeinsamen Namen Berlin.

Alt-Berlin ist heute im Nikolaiviertel zu besichtigen, wobei die meisten Gebäude dort Nachbauten oder Neubauten aus den achtziger Jahren sind. Im Zweiten Weltkrieg war das Viertel rund um die Nikolaikirche fast komplett zerbombt worden. Alt-Cölln dagegen war im Krieg fast ohne Schäden davongekommen, auch das mittelalterliche Straßennetz existierte noch.

Der alte Fischerkiez war ein Stück spätes Mittelalter mitten in Berlin. Heinrich Zille hatte hier manche Vorlage für seine Milieu-Zeichnungen gefunden und Maler-Kollege Otto Nagel nach dem Krieg die Idee, den Fischerkiez in ein Künstlerviertel umzuwandeln. Die Chancen für Nagels Vorschlag standen nicht schlecht, heißt es. Doch dann beschloss der Magistrat seinen Aufbauplan für das Ostberliner Stadtzentrum. Für den Fischerkiez waren Wohn-Hochhäuser vorgesehen, was für die alten Häuser den Abriss bedeutete. Heute mag man diese Entscheidung beklagen. Aber es war der Zeitgeist der frühen Sechziger. In beiden Teilen Berlins wurde damals großflächig abrissen und neugebaut. Ein architektonischer Hingucker sind die Fischerinsel-Hochhäuser nicht. Als sie gebaut wurden, vor fünfzig Jahren, galten sie dennoch als super begehrte Wohnlage, weil sie einen seinerzeit nicht selbstverständlichen Komfort boten, Heizung und fließend Warmwasser, und weil das Viertel mitten im Ostberliner Stadtzentrum lag.

Unser neues Haus war der Hammer. Oben auf dem Dach gab es eine Aussichtsplattform, von der wir über ganz Berlin sehen konnten, auch weit rüber nach Westberlin, wo ganz im Süden zu der Zeit auch gerade Hochhäuser fertig geworden waren, in der Gropiusstadt. Dort wohnte Muttis Schwester, Tante Rosemarie, mit ihrer Familie und das sogar in der 19. Etage. In dieser Beziehung konnten wir Ulrichs mit unserer Wohnung ganz unten, im ersten Stock, leider nicht mithalten. Aber das war auch der einzige Haken am neuen Zuhause.

Neue Wohnung bedeutete auch neue Schule. Ich kam in die Klasse 5a der 15. Polytechnischen Oberschule. »Polytechnisch« klingt nach Spezialschule für wissenschaftlich Hochbegabte, war aber die ganz normale Gemeinschaftsschule, an der Schülerinnen und Schüler von der ersten bis zur zehnten Klasse gemeinsam lernten. Die »POS«, wie sie kurz genannt wurde, war genau wie unsere Hochhäuser gerade erst neu gebaut worden. Die bestehenden Schulen in der Gegend hätten all die neuen Schüler von der Fischerinsel gar nicht aufnehmen können.

Die 15. POS lag, von der Fischerinsel aus gesehen, auf der anderen Seite des Spreekanals, in der Wallstraße. Irgendjemand knipste damals ein Klassenfoto von der 5a. Die Klasse ist nicht komplett auf diesem Bild, aber immerhin sind viele der Kinder darauf zu sehen, von denen hier im Buch noch die Rede sein wird.

Wir waren alle neu in unserer Klasse, manche sogar gerade erst nach Berlin gezogen, also aus der Republik, wie wir Ostberliner den Rest des Landes nannten. Einige meiner Mitschüler hatten zuvor sogar noch viel weiter weg gelebt.

Die Klasse 5a der 15. POS, 1971

Donald zum Beispiel. Auf dem Klassenfoto ist er der Typ ganz rechts mit der Sonnenbrille. Donald kam geradewegs aus Syrien, was er auch bei jeder Gelegenheit erwähnte. Hinter Tatjanas Namen stand im Klassenbuch »Geburtsort Moskau«, was bei ihrem russischen Namen auch einleuchtete. Allerdings sprach Tatjana akzentfrei Deutsch und trug obendrein einen sehr deutschen Familiennamen. Für mich als Zehnjährigen war das irgendwie rätselhaft, genau wie die Sache mit Annette, die mit ihren Eltern aus Westberlin zu uns auf die Fischerinsel gezogen war. Warum, war mir nicht klar.

Die Westberliner, die ich bis dahin kannte, Tante Rosemarie oder Tante Hertha, wären nie im Leben freiwillig in den Osten gezogen.

Die Blonde auf dem Bild, vorne rechts, die sich mit der Hand den Mund zuhält, weil sie wohl gerade einen Lachanfall hatte, hieß Ann-Maren und trug einen schwedischen Familiennamen, einen der auf -son endete. Bei ihr war im Klassenbuch Rostock als Geburtsort vermerkt, was von Berlin aus betrachtet, ja beinahe wirklich Schweden war. Ich steigerte mich damals in die Fantasie hinein, Ann-Maren sei tatsächlich Schwedin. Das nördliche Nachbarland war sehr populär um das Jahr 1970. Es gab die blonde Schlagersängerin Nina Lizell mit ihrem Hit »Der Mann mit dem Panamahut« und bald darauf landete ABBA mit »Waterloo« ihren ersten Hit. Ich fand Ann-Maren sah aus wie Agnetha Fältskog, die blonde ABBA-Sängerin. Okay, ich war ein bisschen in Ann-Maren verknallt, was allerdings niemand in der Klasse wusste, vor allem nicht Ann-Maren.

Ich bin übrigens der Typ links vorne, der mit der Brille. Bei Mädchen hatte ich nicht gerade die allerbesten Karten, wie Sie sich denken können. Ähnlich wie Bernd, der etwas dickliche Junge neben mir, der auch nicht gerade als Mädchenschwarm durchging. Allerdings konnte Bernd mit seinen vielen Westsachen punkten. Fast alles bei ihm stammte von drüben, Klamotten, Füllfederhalter, Spielsachen. In meiner Erinnerung roch er sogar anders, irgendwie nach Lenor-Weichspüler. Vorne in der Mitte steht Nele, das Mädchen mit der Brille. Ihr Vater war Professor, was so auch an der Wohnungstür stand.

Neben Professoren, berühmten Künstlern und Funktionären gab es auch viele Ausländer auf der Fischerinsel und auch bei uns in der Klasse. Dabei zähle ich nicht mal Tatjana mit, die ja vielleicht gar keine Russin war, oder Ann-Maren, die ja vermutlich nur in meiner Fantasie aus Schweden stammte. Auch Annette klammere ich aus, obwohl Westberlin damals ganz klar Ausland war. Nein, wir hatten richtige Ausländer in unserer Klasse, Irina aus Bulgarien zum Beispiel oder zwei Jungs aus Kuba. Bei uns im Haus, in der Fischerinsel sechs, gab es außerdem Ägypter, Polen und Palästinenser. Die meisten von ihnen waren Diplomaten. Später kamen auch noch einige Korrespondenten dazu.

Ein Mitarbeiter der Kommunalen Wohnungsverwaltung hat mir bei den Recherchen für dieses Buch erklärt, wie die Wohnungen auf der Fischerinsel vergeben wurden. »Ein großer Teil«, sagt er, »ist dem Ministerrat zur Verfügung gestellt worden, also der Regierung, die Kontingente an die verschiedenen Ministerien weiterreichte. Wohnungen an Diplomaten vermittelte das Dienstleistungsamt für ausländische Vertretungen. Was an Quartieren anschließend noch übrig blieb, durfte das Wohnungsamt vermitteln.« Eine dieser klassisch vergebenen Wohnungen kriegten wir Ulrichs. Meine Eltern waren weder Prominente noch höhere Staatsbedienstete oder Funktionäre. Die schicke Bleibe auf der Fischerinsel hatten wir ausschließlich meiner hartnäckigen Mutter zu verdanken. Seit ich denken konnte, war Mutti jede Woche ins Wohnungsamt am Alexanderplatz gerannt, wo sie beharrlich darauf pochte, dass unserer kinderreichen Familie eine moderne Wohnung zugeteilt würde. Im Herbst 1970 – wie gesagt – war es dann endlich so weit.

1973 war unser Wohnviertel komplett. Außer den Wohnhäusern gab es inzwischen zwei Kinderkombinationen, also Tagesstätten mit Kinderkrippe und Kindergarten. Auch eine Kaufhalle und eine kleine Ladenpassage waren entstanden, eine Schwimmhalle mit 25-Meter-Becken und die Großgaststätte Ahornblatt. Dieses Gebäude an der Gertraudenstraße war der architektonische Clou der Fischerinsel und schaffte es als Motiv sogar auf eine Briefmarke. Den Namen erhielt das Bauwerk wegen der Form seines geschwungenen Daches. Unsere Schule, und auch viele umliegende Betriebe und Behörden nutzten das Ahornblatt als Kantine. Nachmittags und abends war normaler Restaurantbetrieb und am Wochenende Disco.

Am 10. November 1989, dem Tag nach der Maueröffnung, standen Zehntausende Ostberliner geduldig bis zum Ahornblatt Schlange, um am zwei Kilometer entfernten Grenzübergang Heinrich-Heine-Straße nach Westberlin spazieren zu dürfen. Ein paar Monate später, am 18. März 1990, feierte die CDU im Ahornblatt ihre Wahlparty. Die Partei hatte an jenem Tag bei der DDR-Parlamentswahl einen gewaltigen Sieg eingefahren. Später ging es dem Ahornblatt, wie dem Palast der Republik. Es wurde abgerissen.

Da hatten die Fischerinsel und ich uns längst aus den Augen verloren. Es war wie bei den meisten Kindern von der Fischerinsel. Mit Anfang zwanzig war ich weggezogen, irgendwann wohnten auch meine Eltern nicht mehr dort. Ich hatte mit dem Viertel nichts mehr zu tun. Zwar lebte ich inzwischen wieder in Berlin-Mitte, allerdings im

Fischerinsel mit Ahornblatt auf einer Briefmarke von 1973

10.11.1989 – Ende der Zwei-Kilometer-Schlange zum Grenzübergang

Norden des Bezirks, wo Rosenthaler Platz, Torstraße oder Scheunenviertel als angesagte Wohngegend galten. Dass ich mal auf der Fischerinsel gewohnt hatte, war mir inzwischen wohl sogar ein bisschen peinlich, in der Platte! Bis mich Ingrid Kirschey-Feix vom be.bra verlag fragte, ob ich nicht Lust hätte, ein Buch über die Fischerinsel zu schreiben. Sie hatte keine Ahnung, dass ich dort als Kind gelebt hatte. Sie fand lediglich, dass über das »dicke Ende« der Spreeinsel bisher zu wenig berichtet worden sei, ganz anders als über das weltberühmte andere Ende der Spreeinsel mit seinen Museen, dem Berliner Dom und dem Humboldt-Forum, das dort gerade errichtet wurde.

Es war dieser Anstubser meiner Lektorin. Plötzlich waren alle Erinnerungen wieder da, an Donald, Annette, Bernd, Tatjana oder Ann-Maren. Was war aus ihnen geworden? In den späten neunziger Jahren hatten sich viele von uns noch mal gesehen bei einem Klassentreffen in einem Lokal am Hackeschen Markt. Die Fischerinsel als Treffpunkt war uns inzwischen wohl allen peinlich, vielleicht gab es dort auch einfach keinen passenden Ort, sich zu treffen. Im Anschluss an das Klassentreffen bekam jeder eine Adressenliste zugeschickt, damals noch ohne Mail und Mobilnummern, nur mit Festnetz und Wohnanschrift.

Fünfzig Jahre nachdem wir als Kinder in die Hochhäuser eingezogen sind, machte ich mich auf die Suche – nach den Kindern von der Fischerinsel. Ich wollte wissen, wie die Jahre im Hochhausviertel mitten in Berlin sie geprägt hatten. Zu hören bekam ich spannende Lebensgeschichten, komische und dramatische, tragische auch. Andreas erlebte als Kind auf der Fischerinsel ein echtes Erdbeben und später als Polizist seinen ersten Mordfall. Kerstin ist direkt von der Fischerinsel in den Westen geflohen. Jörg, dessen Familie die allererste im ersten der Hochhäuser war, brachte es zum absoluten Spitzenverdiener. Für Moritz waren die Jahre auf der Fischerinsel, die traurigsten in seinem Leben, sagt er.

In allen Gesprächen drehte es sich auch um die Prominenten, von denen es offenbar viel mehr auf der Fischerinsel gab, als ich ahnte.

Die Kinder von der Fischerinsel. Lassen Sie uns ganz rechts außen beginnen, bei Donald.

Warum hatte der eigentlich eine Sonnenbrille auf? Und wie kam er zu seinem ungewöhnlichen Vornamen?

Donald

»Den Namen wollte meine Mutter! Es gab damals einen kanadischen Eiskunstläufer, den sie sehr gemocht hat, vielleicht fand sie auch nur seinen Vornamen so toll.« Tatsächlich ist der Vorname Donald bis heute nicht sehr verbreitet in Deutschland. Als inzwischen Sechzigjähriger hat er sich längst daran gewöhnt Leute zu korrigieren, die seinen Namen falsch verstanden haben: »Nein, nicht Ronald, sondern Donald!«

Der Namenspate aus Kanada, der Eiskunstläufer Donald Jackson, war Anfang der Sechziger tatsächlich eine große Nummer, sprang als Erster den dreifachen Lutz. Unser Donald übrigens spricht seinen Namen deutsch aus, nicht Donnellt, sondern mit langem »o«.

Und die Sonnenbrille? »Die war wohl ein Mitbringsel aus einem Sommer-Ferienlager«, meint Donald. Warum er die aber ausgerechnet beim Klassenfoto aufgesetzt hat?

»Ich wollte damals einfach auffallen, weil ich lange Zeit kein Bein auf den Boden bekommen habe in der neuen Umgebung, in der neuen Schulklasse, Fischerinsel, neue Schule, alles war neu. Ich war recht klein damals und der Jüngste, sowie gerade erst nach Berlin gekommen. Ich stand doch ganz unten in der Hackordnung der Klasse«, meint er. »Deshalb habe ich versucht, irgendwie zu Anerkennung zu kommen. Wahrscheinlich war das der Grund für die Brille und auf jeden Fall dafür, dass ich bei jeder Gelegenheit Geschichten aus Syrien erzählt habe. Bis ich irgendwann merkte, dass ich damit auch keinen Blumentopf gewinnen kann.«

Ich erinnere mich. Jeden zweiten Satz leitete Donald damals mit den Worten »Bei uns in Syrien …« ein. Anfangs waren wir Mitschüler neugierig auf seine Geschichten, später nur noch genervt.

Donald war einer der vielen in unserer Klasse, die schon als Zehnjährige mehrfach umgezogen waren, weil es die Karriere der Eltern so erforderte. Aufgewachsen in Dresden, war er als Sechsjähriger mit seinem älteren Bruder und den Eltern für dreieinhalb Jahre nach Damaskus gezogen, wo der Vater die DDR-Handelsvertretung leitete. So genau hatte ich das als Kind aus Donalds Geschichten nie herausgehört, auch nicht, dass der Vater wohl ein geschickter Verhandler und Kaufmann war und der Handel zwischen beiden Ländern kräftig zulegte, Maschinen, Anlagen und Traktoren aus der DDR, Baumwolle und Erdnüsse aus Syrien.

Donalds Vater war ein Arbeiterkind aus Leipzig, kurz vor Kriegsende noch mit achtzehn zur Wehrmacht eingezogen und in amerikanischer Gefangenschaft gelandet. »Nach dem Krieg ergriff er die Chance, die er als Arbeiterkind normalerweise nie gehabt hätte«, sagt Donald. An einer der gerade entstandenen Arbeiter- und Bauern-Fakultäten holte er das Abi nach und studierte Anfang der fünfziger Jahre mit dem Abschluss: Bauingenieur. Die Mutter, die als junges Mädchen im Februar 1945 das Bombeninferno in Dresden erlebt hatte, machte ihren Abschluss als Neu-Lehrerin. Zwei typisch ostdeutsche Nachkriegs-Biografien. Das Land brauchte eine neue akademische Elite. Denn die alte, vor allem gestandene Ingenieure und Wissenschaftler, kehrte dem Land noch bis zum Mauerbau 1961 in Scharen den Rücken. Die Lücken sollten Sprösslinge aus Arbeiter- und Bauernfamilien füllen.

Viele Eltern auf der Fischerinsel waren die ersten Akademiker in ihren Familien, Männer und Frauen, die die Bildungs- und Aufstiegschancen, die ihnen der neue Staat bot, entschlossen ergriffen und dem Land später loyal ergeben waren, bis zu dessen Ende und oft darüber hinaus. Auch Donalds Eltern, die sich Anfang der fünfziger Jahre kenngelernt hatten, griffen entschlossen zu. Als Ingenieure für Entwicklungsprojekte in Afrika gesucht wurden, war Donalds Vater sofort zur Stelle. Kurze Zeit darauf landeten die Eltern 1956 in Kairo, wo der Vater ägyptische Bauprojekte betreute. Die Mutter war, was sie später immer wieder sein würde, die sogenannte mitreisende Ehefrau. »Für meine Eltern muss das wie ein Traum gewesen sein«, meint Donald. »Zwei Arbeiterkinder aus Sachsen fahren in Kairo im offenen VW-Cabrio über palmengesäumte Boulevards, werden zu Cocktail-Empfängen bei ägyptischen Ministern eingeladen, wo sie selbstverständlich in dunklem Anzug und Abendkleid auftreten, sind Mitglied im Tennis- und Golfclub und haben jede Menge Boys, also Hauspersonal. Vor allem bei meinem Vater hat Kairo wahrscheinlich einen lebenslangen Aufstiegswillen ausgelöst und den Wunsch, nun immer wieder im Ausland zu arbeiten«, ist sich Donald sicher. Als die Stelle im Jemen frei wurde, ist der Vater direkt von Kairo mit der Mutter nach Sanaa geflogen. Als einziger ostdeutscher Vertreter vor Ort knüpfte er schnell Kontakte und vermittelte bald größere Aufträge in die Heimat. Das erste Telefonnetz in der Hauptstadt Sanaa etwa, mit Hunderten Anschlüssen, ist Ende der fünfziger Jahre – dank des Verhandlungsgeschicks von Donalds Vater – ein Produkt »Made in GDR«.

Mit welchen Geschichten aus Syrien Donald uns Mitschüler vor fünfzig Jahren zu beeindrucken versuchte, habe ich längst vergessen. Jetzt, im Garten hinter seinem Haus im Brandenburgischen, will ich es deshalb noch mal ganz genau wissen. Donald und seine Frau haben mich zum Abendessen eingeladen. Es gibt Salat, eingelegte Pilze, Käse, Brot, gegrilltes Schafsfilet und dazu Donalds Erinnerungen an Damaskus: »Alles war faszinierend für mich. Es war ein ganz anderes Licht dort, viel heller, es war wärmer, sogar im Januar und Februar sind wir dort in kurzen Hosen rumgerannt, auf den Märkten wurde Obst angeboten, das ich noch nie gesehen hatte. Es roch und duftete anders und großartig waren die Ausflüge ans Mittelmeer. Unsere Schule war gleich um die Ecke, lag im Souterrain eines Wohnhauses und bestand nur aus zwei oder drei Räumen. Dort wurden wir DDR-Kinder unterrichtet. Am Ende waren wir fast dreißig Schüler, von der ersten bis zur vierten Klasse. Allerdings haben wir im Juni 1967 auch den Sechs-Tage-Krieg erlebt. Vom

Fenster unserer Wohnung aus haben wir gesehen, wie die Israelis den Internationalen Flughafen von Damaskus bombardierten. Da stiegen dicke Rauchsäulen auf. Alle suchten Schutz im Keller des Generalkonsulats. Es war hektisch, wurde geschrien und geheult und ununterbrochen wurden Akten geschreddert, die auf keinen Fall Fremden in die Hände fallen sollten. Von Damaskus sind wir anschließend erstmal zurück nach Dresden, da bin ich dann wieder zur Schule gegangen. Unser Vater hat in der Zeit gepokert, was seinen neuen Job anging und eine Wohnung. Sie wollten ihn bei einem großen Außenhandelsunternehmen in Berlin. Zunächst war wohl von einer Drei-Raum-Wohnung in Lichtenberg die Rede. Das war meinem Vater zu klein, vielleicht auch zu wenig zentral. Das Zocken hat sich gelohnt. Wir bekamen dann die Vier-Raum-Wohnung auf der Fischerinsel, Haus Nummer eins, neunzehnte Etage. Ich kann mich noch an den Tag des Einzugs erinnern. Die Abenddämmerung hatte schon begonnen, als ich aus dem Fenster unten auf der Spree etwas Großes, Langestrecktes, Graues entdeckte. Ich habe geschrien: Da unten ist ein Kriegsschiff! Dabei war es nur die Mühlendammschleuse, die ich da gesehen hatte. Aber woher sollte ich das wissen?

Die erste Zeit bei uns im Haus auf der Fischerinsel war total spannend. Allein schon mit dem Aufzug zu fahren, war ein Erlebnis. Es gab zwei Fahrstühle für die ungeraden Etagen und zwei für die geraden. Was für uns aus der neunzehnten Etage praktisch bedeutete, dass wir die Leute aus den geraden Etagen fast nie zu Gesicht bekamen, weil die ja mit den anderen beiden Aufzügen fuhren. Dass auf der Fischerinsel auch viele Prominente wohnten, habe ich erst allmählich mitbekommen. Manchmal sogar erst viele Jahre später. Benno Pludra, der Kinderbuchautor, das wusste ich von Anfang an, wohnte gegenüber in der Fischerinsel zwei.«

Donald hat noch den »Mietvertrag über eine Dienstwohnung« von 1970. Eingeleitet wird dieser durch eine Art Präambel, in der es heißt: »Unser sozialistischer Staat verbindet mit der Bereitstellung dieser Dienstwohnung die Erwartung, daß gute Arbeitsleistungen am Arbeitsplatz vollbracht werden und durch Treue zum Betrieb die Bildung einer Stammbelegschaft gefördert wird«. Als monatliche Miete waren 173,50 Mark festgelegt. Dazu kamen 30,20 Mark Heizkosten, 9,05 Mark Warmwasser und 20,05 Mark für Einbaumöbel, womit die in jedem Wohnzimmer eingebaute Durchreiche zur Küche gemeint war, ein deckenhoher Schrank mit allerlei Schubfächern, Türen und Schiebefenstern. Die Warmmiete belief sich auf 232,80 Mark.

Ich erzähle Donald, dass ich mich damals sehr wohl gefühlt habe in der Wohnung seiner Familie. Es gab Bücherregale bis unter die Decke mit Foto- und Kunstbildbänden, Sphinx-Figuren, Leder-Kamele und einen flachen Tisch, dessen große runde Messingplatte mit arabischen Schriftzeichen verziert war. In einem Zimmer lagen am Boden lederne Sitzkissen mit bunten Ornamenten. Obendrein teilten sich bei Donald lediglich vier Personen die Wohnung. Wir Ulrichs waren in der baugleichen Fünfundsiebzig-Quadratmeter-Wohnung zu sechst. Ich gestehe Donald, dass ich ihn damals beneidet habe, auch um seine Musterfamilie, wie ich fand.

»War es aber nicht – eine Musterfamilie«, meint er. Es gab eine ganz klare Rollenverteilung. Sein Vater war der Chef. Und zwar auf der Arbeit und zu Hause. »Was total gefehlt hat, war jede Art von Emotionalität. Nie wurde sich in den Arm genommen, zum Beispiel. Sich den Kindern irgendwie besonders zuzuwenden, das gab es nicht.« Als Donald später selbst eine Familie gründete, Mitte der neunziger Jahre, hat er nach der Geburt seiner Tochter ein Jahr Erziehungsurlaub genommen. Sein Vater, der da noch lebte, hat das nicht verstehen können. »Der hatte einfach andere Prioritäten und litt viele Jahre darunter, dass sich an die Jahre in Syrien kein weiterer Auslands-Job angeschlossen hatte, was wiederum mit meinem Bruder und mir zu tun hatte.«

An den DDR-Botschaften gab es nur Grundschulen, die bis zur vierten Klasse gingen. Donald und sein Bruder waren dafür inzwischen zu alt. Sie hätten bei einem Auslandseinsatz der Eltern ins Diplomatenkinder-Internat nach Königs Wusterhausen gemusst. Da hat die Mutter klipp und klar gesagt: »Nein, das machen wir nicht! Sie hat auch den Kontakt zu ihrer Mutter, also meiner Oma, nicht abgebrochen, die in Göttingen lebte, also in der Bundesrepublik. Für die Karriere die eigene Mutter nicht sehen zu dürfen, das war für meine Mutter nicht drin«, erinnert sich Donald. »Die Oma aus Göttingen kam auch weiterhin zu Besuch auf die Fischerinsel. Der Vater hat es akzeptiert und war un-

Donald mit seiner Mutter und seiner Oma aus Göttingen vor der Küchendurchreiche

glücklich. Er hat wohl sein ganzes Leben wehmütig an die Jahre in Kairo, Sanaa und Damaskus zurückgedacht. Statt für mehrere Jahre wieder irgendwo im Auslandseinsatz zu sein und eigenverantwortlich Projekte anzubahnen, saß er nun die meiste Zeit in Berlin und vermittelte Bauaufträge, mal für DDR-Firmen, die in anderen Ländern Industrieobjekte errichteten. Mal ging es um Bauten, die ausländische Firmen in Ostdeutschland errichteten. Unter anderem hatte er mit den schwedischen Firmen zu tun, die in Ostberlin zwei Fünfsterne-Hotels errichteten, das Palast-Hotel und das Metropol-Hotel. Immerhin sprangen dadurch noch mal ein paar Dienstreisen nach Stockholm heraus. Auch nach Algerien, Äthiopien und in die Sowjetunion führten ihn

Aufträge. Aber das waren eben nicht solche langjährigen Einsätze, wie in Syrien oder Jemen.

Erstaunlich, dass ich von alldem damals nichts wusste. »Das ist doch ganz normal«, meint Donald. »Wir waren doch Kinder! Was haben uns die Eltern unserer Mitschüler interessiert?«

Und dann müssen wir beide kichern, wir Kinder von der Fischerinsel. Als wir an die Unterrichtsstunde denken, in der sechsten Klasse, als jeder sagen sollte, was er später mal werden will. Ich erklärte meiner Lehrerin, dass ich mal Schorrnalist werden möchte, worauf die sich ausschüttete vor Lachen. »Journalist? Aber Andreas, du weißt doch garantiert nicht mal, wie man das schreibt?« Womit die Pädagogin damals vermutlich recht hatte. Noch mehr verblüfft war unsere Lehrerin über Donalds Berufswunsch: »Pilot!« In dem Moment, meint er, haben alle in der Klasse laut gelacht und gedacht, dass er einen Witz mache, zumal er damals schon eine Brille getragen habe. Aber er wollte wirklich Pilot werden. Unbedingt.

Statt in der Luft ist Donald später beruflich auf dem Wasser gelandet. Was wiederum mit dem aufkommenden Umweltbewusstsein der frühen achtziger Jahre zu tun hat. Nach seinem Armeedienst arbeitete er damals ein Jahr lang als Bauarbeiter. »Und zwar richtig in der Erde wühlen«, sagt er. »Tiefbau«. Jedenfalls las er zu der Zeit, dass man Wasserbau studieren könne. Das schien ihm genau das Passende zu sein. Da könne er später doch viele Dinge gleichzeitig machen. Umweltschutz, Verkehrswege anlegen und planen. Tatsächlich landete er nach dem Studium Ende der achtziger Jahre erstmal in Berlin-Marzahn. »Da war nichts mit Umwelt oder Wasserstraßen, da hieß es wieder Tiefbau, Fundamentgruben ausheben für Wohnbauten.« Irgendwann ist er schließlich bei der Wasserstraßen-Verwaltung gelandet. Vor ein paar Jahren habe ich ihn als Reporter zufällig wiedergetroffen, auf der riesigen Baustelle des neuen Schiffshebewerkes in Niederfinow, nordöstlich von Berlin. Mit der Anlage sollen künftig noch größere Schiffe den Oder-Havel-Kanal fünfunddreißig Meter hoch beziehungsweise runter gehoben werden. Donald arbeitet vor Ort für die Bundeswasserstraßendirektion. Seit vielen Jahren vertritt er als Personalrat die Interessen seiner Kolleginnen und Kollegen. Ich habe ihn auf der Baustelle ein wenig beobachten können, auch bei einer kurzen Team-Besprechung. Da war nichts mehr vom Jungen, der sich als Schulkind am Ende der Hackordnung wähnte und deshalb um jeden Preis auffallen wollte. Ich erlebte einen ruhigen, natürlichen Mann mit sanftem Humor, den seine Kollegen genau deshalb schätzen dürften, kann ich mir vorstellen. Donalds Eltern sind inzwischen verstorben.

Das Fernweh, vor allem das seines Vaters, hat der Sohn nicht übernommen. Im Gegenteil. Seit ein paar Jahren wohnt er mit seiner Frau in einem Ort nördlich von Berlin, südlich der Hauptstadt gibt es noch eine kleine Datsche, direkt an einem See.

In Syrien war er später nie wieder, »leider«, wie er sagt. Auch im Jemen war er nicht. Abgesehen davon, dass in beiden Ländern seit Jahren Krieg herrscht. In Ägypten haben sie mit der Tochter mal Club-Urlaub gemacht. Dort hat er das Hotelpersonal einigermaßen verblüfft mit arabischen Redewendungen, die er noch aus seiner Kindheit in Damaskus kannte. Es waren eher derbe Sprüche und Vokabeln.

Sonnenbrille in geschlossenen Räumen trägt er schon lange nicht mehr.

Annette

Auf unserem Klassenfoto kann ich sie nicht entdecken. Vielleicht ist sie eine derjenigen, die verdeckt in der hinteren Reihe stehen. Erinnern an sie kann ich mich natürlich. Sie hat bei uns in der Fischerinsel sechs gewohnt, Wohnung 17/08. Nicht dass ich jemals bei ihr zu Hause war. Aber ihre Wohnungsnummer habe ich mir gemerkt. Annette war anders, als alle anderen in unserer Klasse. Sie hatte eine John-Lennon-Brille, allerdings mit viel größeren Gläsern, als der Beatle. Sie trug Batikblusen und Schlaghosen, die mit bunten Blumen bestickt waren und wenn sie sprach, brachte sie in jedem zweiten Satz das Wörtchen »halt« unter. Ich bestaunte den blauen VW-Käfer mit aufklappbarem Dach, der seit Annettes Einzug bei uns vor der Fischerinsel sechs parkte, zwischen all den Ost-Autos.

Unsere neue Mitschülerin kam aus München, wie es hieß. Da sei sie geboren und aufgewachsen. Zuletzt aber habe sie mit ihren Eltern in Westberlin gelebt. Umzüge von West nach Ost waren in den Jahrzehnten der deutschen Teilung durchaus keine Seltenheit. Rund eine halbe Million Westdeutsche sind zwischen 1949 und 1989 in den anderen Landesteil gewechselt, darunter manch späterer Prominenter, wie Manfred Krug, Wolf Biermann, Lothar Bisky oder die Familie der späteren Bundeskanzlerin. Nur waren solche West-Ost-Wechsel Anfang der siebziger Jahre inzwischen sehr selten geworden. Es hieß, Annettes Eltern seien wegen der Arbeit nach Ostberlin gezogen und ihr Vater ein berühmter Schauspieler, Wolfgang Kieling. Den Namen hatte ich noch nie gehört. Abgesehen davon wussten wir Mitschüler, dass Annette nur mit ihrer Mutter bei uns im Haus wohnte. Wo war denn dieser berühmte Schauspieler nun eigentlich? Für mich als Zehnjährigen war das Ganze etwas unübersichtlich.

Annette und ich hatten fast vier Jahre lang den gleichen Schulweg. Von der Fischerinsel sechs ging es über die Roßstraßenbrücke, dann anschließend noch ein kleines Stück die Neue Roßstraße entlang und schließlich links auf den Schulhof der 15. POS. Es waren vielleicht fünf Minuten zu Fuß. Trotzdem vermied ich es, diesen Weg mit ihr gemeinsam zu gehen. Lief sie vor mir, verlangsamte ich mein Tempo. Waren wir auf gleicher Höhe, beschleunigte ich. Annette war mir irgendwie unheimlich. Sie hatte in jedem Fach die Note Eins, abgesehen von Sport, wo es bei ihr wohl immer nur zu einer Drei reichte. Annette verfasste Deutsch-Aufsätze, die sich lasen, wie von einem Erwachsenen geschrieben, melancholische Texte, reflektierend, von sprachlicher Eleganz. Unsere Klassenlehrerin las uns manchmal daraus vor. Auch in Kunst glänzte Annette mit tollen Zeichnungen, Bildern und Collagen. Dieses super kluge, leicht pummelige Mädchen machte mich ratlos. Ich wusste einfach nicht, worüber ich mit ihr hätte reden sollen. Damals schaute ich nachmittags stundenlang Sportsendungen im Fernsehen oder lag im Bett und las Reisereportagen und Abenteuerberichte. Das

Annette in den siebziger Jahren, im Hintergrund die Fischerinsel

schien mir allerdings nicht der passende Gesprächsstoff für Annette zu sein, die schon bald mit Nele befreundet war und außerdem viel Zeit bei unserer Klassenlehrerin verbrachte, die praktischerweise auch in der Fischerinsel sechs wohnte.

»Annette hatte bei uns ein zweites Zuhause«, erinnert sich unsere Lehrerin. »Ihre Mutter war ja Bühnenbildnerin und viel unterwegs, manchmal sogar wochenlang, wenn sie auswärts an Theatern gearbeitet hat. In solchen Zeiten war Annette jeden Tag bei uns und man spürte deutlich, dass sie sich nach Familie gesehnt hat. Der Vater hatte sich ja gleich zu einer anderen Frau abgesetzt, als sie in die DDR gekommen waren.« Ich erzähle unserer Lehrerin, dass mir Annette etwas unheimlich war, so in sich gekehrt, melancholisch und zugleich super klug. Ja, sie sei wirklich außerordentlich begabt gewesen, in vielen Bereichen und deshalb nach der achten Klasse ja auch auf die EOS gegangen, was für einiges böses Blut gesorgt hat. Denn Plätze auf der Erweiterten Oberschule, also dem Gymnasium, waren ja knapp. Warum denn eine aus der BRD einen der wenigen Plätze kriegen müsse, haben einige Eltern gefragt. Wobei unsere Lehrerin nicht mal sagen kann, ob Annette damals Bundesbürgerin war oder die normale DDR-Staatsbürgerschaft hatte. »Für Annette und ihre Mutter galten immer ein paar Extra-Reisefreiheiten«, erinnert sie sich. »Im Sommer zum Beispiel durften sie jedes Jahr für vier Wochen nach Jugoslawien fahren. Sie hatten dort ein Ferienhäuschen. Groznjan hieß der Ort und war wohl eine Art Künstlersiedlung.«

Unsere Lehrerin hat den Kontakt zu ihrer Schülerin nie verloren, auch als Annette und ihre Mutter weggezogen waren von der Fischerinsel. »Das muss so 1976 gewesen sein. Da sind Mutter und Tochter an den Friedrichshain gezogen und noch vor Annettes Abitur sind beide dann ja wieder zurück gegangen nach Westberlin«, berichtet unsere Lehrerin. »Sie hat dann in Westberlin gelebt, später in Brüssel, wo sie sehr glücklich war, zum Schluss war sie in Wales.« Zum Schluss?

»Ja, zum Schluss. Annette lebt nicht mehr. Sie ist 2011 in Wales gestorben. Besonders eng war Annettes Verhältnis zu ihrem Halbbruder«, fällt unserer Lehrerin noch ein. Den Halbbruder würde ich doch bestimmt aus dem Fernsehen kennen. Florian Martens. Er spielt in der ZDF-Serie

»Ein starkes Team« diesen Kommissar mit der schwarzen Wollmütze, der so heftig berlinert. Er und Annette haben denselben Vater.

»Dass Kieling mein Vater ist, habe ich erst erfahren, als ich neun war«, stellt Florian Martens gleich mal klar. Ich bin fasziniert von seiner Stimme, so tief, satt, wie im Fernsehen! Obendrein hat er sich tatsächlich die schwarze Wollmütze aus der ZDF-Serie aufgesetzt. Unter die Kappe allerdings auch noch einen Strohhut. Die Kopfbedeckung, erklärt mir der Schauspieler, trägt er wegen der Nüsse, die vom Baum, unter dem er sitzt, herabfallen können. Da wo ich sitze, beruhigt mich mein Gastgeber, würden keine Nüsse runterfallen. Ich könne ganz unbesorgt sein. Wir sitzen auf der Terrasse seines Sommerhäuschens im Brandenburgischen. Direkt neben der Terrasse führt ein kleiner Steg durch einen dichten Schilfgürtel vor zu einem See.

Warum hat er erst als Neunjähriger erfahren, dass es Annette gab? »Naja, wir haben zwar denselben Vater, aber meine Mutter, die ja auch Schauspielerin ist, hatte mit dem Kieling nur eine kurze Beziehung. Das war Ende der fünfziger Jahre. Ich war sozusagen das Produkt dieser Beziehung. Der eigentliche Vater war für mich der Mann, den meine Mutter später geheiratet hat. Wir waren eine richtige Familie. Dass mein Vater nicht mein Erzeuger ist, hatten mir meine Eltern nicht gesagt und auch nicht, dass ich ein paar Halbgeschwister hatte aus anderen Beziehungen von Wolfgang.

Das Verrückte war, wie ich das Ganze schließlich erfahren habe. Ich war in der dritten Klasse. Mittwochs begann der Schulunterricht damals bei uns immer dreißig Minuten früher, schon um 7.30 Uhr. Grund war die sogenannte ›Politinformation‹, bei der jeweils ein Schüler über ein aktuelles Thema referieren musste. Gerade hatten die Zeitungen groß über einen westdeutschen Schauspieler berichtet, der aus der BRD zu uns in die DDR übergesiedelt war. Obwohl ich die Geschichte nicht komplett verstanden hatte und auch diesen Schauspieler nicht kannte, schien mir das Thema bestens für die Politinformation geeignet. Ich nannte den Schauspieler aus dem Westen in meinem Vortrag dann Tieling statt Kieling. Als ich anschließend meiner Mutter stolz von meinem Referat berichtete, nahm die mich sanft beiseite und sagte: Dieser Mann ist dein Vater. Kurz darauf habe ich meinen Vater und meine Schwester dann kennengelernt.«

Florian und seine plötzlich aufgetauchte Schwester Annette spürten sofort einen Draht zueinander. »Das erste Mal gesehen haben wir uns im Johannishof, diesem Hotel an der Friedrichstraße, das auch Gästehaus der Regierung war und wo die Kielings die erste Zeit nach der Übersiedlung gelebt haben. Wir haben uns sofort gemocht und das hat sich nie geändert. Wir sind uns schon sehr ähnlich. Äußerlich habe ich vielleicht mehr von unserem Vater, auch die Stimme natürlich. Was wir beide definitiv von unserem Vater geerbt haben, ist eine gewisse Harmoniesucht, die Unfähigkeit Konflikte anzugehen. Bei unserem Vater war das in seinen

Beziehungen zu Frauen ja immer so, dass er irgendwann einfach gegangen ist, ohne das irgendwie anzukündigen oder sich zu erklären. Der war dann einfach weg. Davon haben Annette und ich schon jeder ein kräftiges Stück abbekommen im eigenen Leben. Wobei Annette dazu auch immer stärker den Hang zum Esoterischen entwickelt hat. Mit solchen Sachen hatte ich nie was am Hut.«

Florian erzählt mir noch von ausgelassenen Silvesterpartys bei Anette und ihrer Mutter auf der Fischerinsel und dass sie anfangs, als die Kielings nach Ostberlin gekommen waren, wunderbare Ausflüge ins Grüne unternommen haben, zu fünft, Wolfgang Kieling, die beiden Frauen, mit denen er zu unterschiedlichen Zeiten liiert gewesen war, und die beiden Kinder.

Als mich Annettes Bruder zum Gartentor führt, fragt er, ob ich mal einen Blick auf Wolfgang Kielings letztes Auto werfen möchte. Als der Vater 1985 starb und anschließend das Erbe aufgeteilt wurde, bekam Florian das Auto seines Vaters. Annette fuhr das »Erbstück« rüber nach Ostberlin. Ich überlege, was der Mann, der unter anderem die deutsche Stimme von Kirk Douglas, Marlon Brando und Paul Newman war, wohl für einen Wagen gefahren ist, vermutlich war es kein VW Passat oder Ford Escort. Als Florian das Garagentor öffnet, müssen sich meine Augen erstmal an das Halbdunkel gewöhnen. Dann sehe ich ihn, einen flachen Sportwagen, in stark angestaubtem Zustand. Der Wagen ist offenbar schon jahrelang nicht mehr bewegt worden. Ein FIAT Spider Cabrio in Ferrari rot. »Mit dem Ding war ich

1985 als Student in Ostberlin natürlich der absolute Stecher«, grinst Florian. »Auf dem Schwarzmarkt haben sie mir damals 150.000 Ostmark geboten. Aber ich konnte und kann mich nicht trennen von dem Ding. Das war schließlich Wolfgangs Schlitten.«

Ein paar Tage später sitze ich im Atelier von Johanna Kieling, Annettes Mutter. Ihr dreistöckiges Häuschen in einem kleinen Dorf im Allgäu ist vollgestellt und vollgehangen mit großformatigen Ölbildern, kräftigen Farbfeuerwerken, Landschaften und Aktdarstellungen. Meine fünfundachtzigjährige Gastgeberin hat Espresso zubereitet und erzählt von ihrer Tochter, die in München geboren wurde, im Sommer 1960: »Wolfgang, Annette und ich haben dort in einem wunderschönen Bauernhaus am Stadtrand gelebt. Da ist Annette auch eingeschult worden. Aber dann wollte Wolfgang unbedingt nach Westberlin, weil das in den sechziger Jahren der Ort war, wo man sein musste. Und so sind wir 1967 von München nach Westberlin gezogen, in ein Reihenhaus in Zehlendorf, wo Annette dann auch in die Grundschule gegangen ist.« So nahmen die Dinge in Westberlin ihren Lauf: Die Studenten-Proteste gegen den Vietnam-Krieg wurden heftiger, bei der Demo gegen den Schah-Besuch wurde Benno Ohnesorg erschossen, zugleich verschärfte die Springer-Presse ihre Verbalattacken gegen die außerparlamentarische Opposition. »Wolfgang«, erinnert sich Johanna, »war ja schon deutlich älter als die Studenten und noch Soldat gewesen im Zweiten Weltkrieg.

Aber genau deshalb war er auch so wütend. Weil er jede Form von Krieg hasste. Fast alle Jungs aus seiner Klasse waren im Krieg umgekommen. Anfang 1968 ist ihm dann der Satz rausgerutscht, ›Dann gehe ich eben dorthin, wo der Vietnamkrieg nicht unterstützt wird, in die DDR!‹ Die Organisatoren des großen Anti-Vietnamkriegs-Kongresses an der TU kriegten Wind von seiner Ankündigung, die eigentlich nur so ein Spruch war«, wie Johanna Kieling lächelnd meint. Aber plötzlich habe die Sache richtig Fahrt aufgenommen. Nach ihrer Erinnerung »hatten Horst Mahler und Ulrike Meinhof schließlich eine Pressekonferenz organisiert und für Wolfang eine Erklärung formuliert, in der er unter anderem den Fernsehpreis ›Goldene Kamera‹ zurückgab. Das Ganze war für ihn auch eine Art Spiel und hatte etwas mit seiner Eitelkeit zu tun. Denn natürlich hatte er dadurch, dass er in die DDR ging, Riesenschlagzeilen.«

Wolfgang Kieling bekam im Osten sofort Rollen am Theater und in Fernseh- und Kinoproduktionen. »Wie sich Annette gefühlt hat, kann ich nur ahnen«, sagt ihre Mutter und »dass sie total losgeheult hat, als es hieß, du musst schon wieder umziehen.« Vielleicht war das die Zeit, in der Annette anfing, sich zurückzuziehen aus dieser anstrengenden Welt der Erwachsenen. Zumal Wolfgang im Osten schon bald eine neue Frau hatte und Johanna mit Annette zu uns in die Fischerinsel sechs zog. »Die Wohnung war okay«, erinnert sich die Malerin, »nur die Leute im Haus wirkten so grau, schlapp und farblos.«

Waren wir Bewohner der Fischerinsel wirklich so grau und trist, wie Johanna Kieling uns in Erinnerung hat? Ich muss daran denken, wie empört ich noch vor einigen Jahren war, wenn Wessis erzählten, wie trostlos ihnen Ostberlin vorkam in den siebziger oder achtziger Jahren und mit welch verkniffenen Gesichtern die Leute hier rumgelaufen seien. Inzwischen habe ich eingesehen, dass das wohl tatsächlich so war. Auf wunderbare und oft bedrückende Art lässt sich das heute noch in den Fotos von Klaus Bädicker und Harald Hauswald betrachten. Beide haben Ostberlin und den Alltag der Menschen in ihren Fotos ungeschminkt festgehalten. Die Erkenntnis lautet: Ja, selbstverständlich, es war grau!

Eines Tages entdeckte Johanna Kieling am Schwarzen Brett in der Fischerinsel sechs eine Wohnungstausch-Anfrage. Jemand bot eine Drei-Zimmer-Altbau-Wohnung am Friedrichshain und wollte sie gegen eine Drei-Raum-Wohnung auf der Fischerinsel tauschen. »So zu tauschen, war damals völlig verrückt und abwegig«, erinnert sich Johanna Kieling. »Kein Mensch gab doch freiwillig seine Neubauwohnung her, um stattdessen in eine Altbauwohnung mit Ofenheizung zu ziehen. Ich aber wollte vor allem mehr Platz haben als die fünfundsechzig Quadratmeter auf der Fischerinsel, und deshalb sind Annette und ich in diese Altbauwohnung am Friedrichshain gezogen. Die Zimmer waren groß und die Räume viel höher. Da haben wir bis zu unserer Ausreise im Herbst 1977 gelebt.«

Annette mit ihrem Vater, Wolfgang Kieling, und ihrer Mutter

Nele, auf unserem Klassenfoto ist sie die in der Mitte mit der Brille, war Annettes beste Freundin. Sie glaubt, dass es Annette war, die wieder unbedingt zurück in den Westen wollte. »Das hatte«, glaubt Nele, »etwas zu tun mit Annettes bevorstehendem achtzehnten Geburtstag. Sie hätte sich dann wohl für die DDR-Staatsbürgerschaft entscheiden müssen und dann im Sommer nicht mehr nach Jugoslawien gedurft.« Nele hat noch Dutzende Briefe, die Annette ihr geschickt hat. Annette hatte den Kontakt zu ihrer Freundin nie abreißen lassen, war nach ihrer Ausreise auch immer wieder zu Besuch in der DDR. Nele hat die Post von damals jetzt noch mal gelesen und aus Zeilen ihrer Freundin immer wieder den Wunsch nach einem Zuhause herausgelesen, nach einer Familie, nach Eltern, die für sie da sind, vor allem nach einem Vater. »Später hat sie deshalb ja auch oft Männer gehabt vom Typ ›starker Vater‹«.

Erhalten geblieben ist das Tagebuch, das Annette in ihrem ersten Jahr in Westberlin führte und das an dem Abend begann, als sie am Grenzübergang in der Invalidenstraße die DDR verließ: »Ich beobachtete eine Katze, wie sie gemächlich und unbeobachtet von West nach Ost tigerte«. Noch am gleichen Abend zieht sie in eine WG in der Hardenbergstraße, die in den nächsten Jahren ihr Zuhause sein würde. Sie notierte: »Westberlin, dieses Reizwort, Glitzer und Glimmer versprechend, weiter weg als der Mond für mich als DDR-Nase, hatte mit einem Schlag Realität angenommen. Ich saß mittendrin. Ich habe mich niemals so absurd gefühlt.«

Die »DDR-Nase« trennte sich nicht nur vom alten Land, sondern auch von ihrer Mutter. Schon lange siezten sich Mutter und Tochter, wenn sie miteinander sprachen. »Vor allem von Annettes Seite war das kein Witz, die hatte zu ihrer Mutter wirklich ein sehr gespanntes Verhältnis. Weil die eigentlich auch nie da war für ihre Tochter«, so hat es Nele in Erinnerung.

Annette war siebzehn und erkundete das Westberliner Nachtleben, das keine Sperrstunde kannte, und musste nach einigen Wochen wieder zur Schule. Die Senatsverwaltung hatte ihr mitgeteilt, dass für sie noch die Schulpflicht gelte. Über ihre erste Zeit im Gymnasium am Hansaplatz schrieb sie: »Ich war von meiner alten Schule gewöhnt, intensiv zu arbeiten, das galt hier als Streben, ich wurde das ›wandelnde Lexikon‹ genannt, man beobachtete mich, näherte sich aber kaum.« Einige Zeit später notierte sie »Ich kam von meinem DDR-Image nicht weg, wohl aber von der DDR-Disziplin. Ich begann, wie alle anderen, nach dem dort gesetzlich gesicherten Schlüssel zu schwänzen, ich nutzte ihn nur mehr, als die anderen.« Irgendwann hat sie dann ihr Abi gemacht, »sich nebenbei immer mal heftig verliebt und dann diesen Physik-Professor von der FU geheiratet«, erzählt Nele. Von dem Professor ließ sie sich schon bald wieder scheiden. Der habe ihr aber immerhin noch die Ausbildung zur Heilpraktikerin finanziert. Irgendwann hatte Annette angefangen, sich für Homöopathie zu interessieren, für chinesische Medizin, Kräuter, Düfte, Aromatherapie und Heilung durch Kristalle.

»Und dann«, erzählt mir ihre Freundin, »traf Annette die große Liebe ihres Lebens, den Mann, der ihre Sehnsucht nach dem starken, klugen, fürsorglichen Partner perfekt erfüllte.« Ein belgischer Musikprofessor, der in einem prachtvollen Palais mitten in Brüssel lebte. Er hatte sich extra wegen Annette scheiden lassen. Jean war ein international geschätzter Orgel-Fachmann. Annette reiste an seiner Seite nach Kanada, in die USA und nach Brasilien. Während ihr Mann dort in Kirchen und Kathedralen stundenlang auf der Orgel spielte, saß sie zumeist mit einem Skizzenblock in seiner Nähe und zeichnete Kreuzgewölbe, Altäre, Heiligenbilder und bunte Glasfenster, was es in Kirchen eben zu sehen gibt.

Zuhause in Brüssel fanden fast jeden Abend opulente Essen mit Freunden statt, fast durchweg Orgelfachleute, Orgelbauer oder Orgelspieler. Bei Tisch und danach drehten sich alle Gespräche um Orgeln. »Annette konnte da nicht mitreden und irgendwann hat sie Schluss gemacht. Da war die Multiple Sklerose schon weit vorangeschritten.«, erinnert sich Nele.

Nachdem sie sich von Jean getrennt hatte, lebte Annette in einem ehemaligen Pfarrhaus in den Ardennen, nicht weit von der deutschen Grenze. Nele und auch ihr Bruder haben sie dort gelegentlich besucht.

Florian erinnert sich, dass Annette da schon im Rollstuhl saß und an ihre beiden Hunde, die sie immer dabeihatte. »Auch nach ihrer Zeit mit Jean«, sagt er, »suchte sie immer weiter nach einem starken, deutlich älteren Mann.« Die, mit denen sie dann zusammen war, kamen durchweg aus der esoterischen Szene.

Gesehen hat Florian seine Schwester zum letzten Mal im Jahr 2007. Da hatte sie im Internet bereits ihren späteren Ehemann Geoffrey kennengelernt, ihn allerdings noch nicht getroffen. »Trotzdem«, erinnert sich ihr Bruder, »sprach sie schon von Heirat. Bis zum Lebensende war sie getrieben von der Sehnsucht nach der großen, dauerhaften Liebe, nach dem Zuhause.«

»Und sie hätte gerne Kinder gehabt«, weiß Nele. Das hat ihr Annette nicht nur einmal erzählt.

Annette packte also ein letztes Mal im Leben ihre Koffer und zog zu Geoffrey nach Südwales.

Die Geschwister Florian und Annette, 2007

Geoffrey bezeichnete sich selbst als Kristall-Heiler und galt als eine Art Guru in dieser Szene. Im Netz existiert noch Annettes Twitter-Account. Dort bezeichnete sie sich als »Painter, Reiki-Master, singer's coach, wife and lover to the only one«. Malerin, Reiki-Meisterin, Gesangslehrerin, Ehefrau und Geliebte des besten Mannes der Welt. Das liest sich zufrieden, finde ich.

Kurz vor Weihnachten 2010 erkrankte Annette an einer Harnwegsentzündung, kam ins Krankenhaus nach Cardiff. Anfang Januar 2011 hat Florian zum letzten Mal mit ihr telefoniert. »Die Stimme meiner Schwester klang da schon ziemlich schwach. Aber trotzdem hat sie am Telefon noch total optimistisch gewirkt. Das war bei ihr nie gespielt. Annette hatte etwas grundsätzlich Positives. Mit diesem Gefühl ist sie bestimmt am Ende auch abgetreten von dieser Welt«, glaubt ihr Bruder. Das Grab seiner Schwester in Wales hat Florian nie besucht. Für ihn wird sie ohnehin immer Berlinerin bleiben.

Warum? Doch nicht wegen der paar Jahre auf der Fischerinsel?

»Doch, auch wegen dieser Jahre«, sagt ihr Bruder, der mir dann vorrechnet: »Mit sieben Jahren ist sie nach Berlin gekommen. Bis sie Ende zwanzig war, hat sie hier gelebt, mal im Osten, mal im Westen. Nirgends in ihrem Leben hat sie so prägende Erlebnisse gehabt wie in Berlin. Was sie mir in den Achtzigern alles für Geschichten vom Alltag rund um den Bahnhof Zoo erzählt hat! Ihre WG in der Hardenbergstraße war da ja gleich um die Ecke. Es gebe dort tatsächlich Junkies und minderjährige Prostituierte, wie das in ›Die Kinder vom Bahnhof Zoo‹ beschrieben ist, hat sie erzählt. Oder die wunderbaren Ausflüge in den siebziger Jahren, gemeinsam mit unseren Müttern, in die Wälder rund um den Müggelsee und auch die schönen Nachmittage gemeinsam bei Annette in der siebzehnten Etage auf der Fischerinsel.«

Florian und ich schauen schweigend auf den See, auf dem sich in der Ferne zwei Segelboote kreuzen. Plötzlich sagt er mit seiner tiefen, warmen Schauspielerstimme: »Meine Schwester ist für mich nicht irgendwo weit weg in der Erde in Wales. Die ist hier. Die ist für mich für immer hier, in Berlin«.

Bernd

»Zu Annette fällt mir noch die Sesamstraße ein. Da hat ihr Vater die Stimme von Bert gesprochen«, fällt Bernd noch ein. Bernd ist der Junge links auf unserem Klassenfoto, der etwas dickliche, der so viele schicke Sachen aus dem Westen besaß. In seiner Federtasche hatte er Filzstifte in den knalligsten Farben und sein Füller war selbstverständlich ein blauer Pelikan und nicht das orangefarbene Modell von Markant. Auch seine Klamotten waren bunter als die von uns anderen, auch als die Sachen, die es in der »Jugendmode« gab. Die größte Jumo-Filiale des Landes lag praktischerweise gleich nördlich der Fischerinsel, in der Brüderstraße. Im 19. Jahrhundert hatte dort ein gewisser Rudolf Herzog ein Kaufhaus eröffnet, das sich bis zum Schloss hin erstreckte. Nach dem Krieg war von Herzogs Warenhaus nur die Ecke an der Brüderstraße zur Fischerinsel erhalten geblieben und als Jugendmode-Kaufhaus Sehnsuchtsort für Jugendliche aus der ganzen DDR, die darauf hofften, hier ein attraktiveres Angebot vorzufinden als in ihren heimischen Mode-Läden. Doch selbst das Angebot in der Hauptstadt hing den Wünschen der jungen Kundschaft meist hoffnungslos hinterher. Manchmal allerdings hatten sie in der Brüderstraße tatsächlich echte Jeans, Levi's oder Wrangler. In solchen Fällen verbreitete sich die Nachricht blitzartig unter uns Jugendlichen auf der Fischerinsel.

Aber zurück zu Bernd, der besonders gerne blaue Klamotten trug, vor allem Trainingsjacken und T-Shirts, wenn ich mich richtig erinnere. Bernd hatte die coolsten West-Sachen und war trotzdem ein Außenseiter, nicht nur bildlich auf dem Klassenfoto. War das so, weil er etwas dicker war und in der Schule zu den Leistungsschwächeren gehörte? Bernd war einer der wenigen von uns, die nicht auf der Fischerinsel wohnten, sondern im Heinrich-Heine-Viertel. Anders als der alte Fischerkiez war die Gegend um die heutige Heinrich-Heine-Straße im Krieg fast komplett zerstört worden. Nahezu alle Häuser in der Gegend sind Bauten aus den Nachkriegsjahrzehnten.

Bernd und ich haben uns im Heinrich-Heine-Viertel verabredet, im Cafe am Engelbecken. Das Erste, was ich feststelle: Die Pausbacken von damals sind verschwunden. Der mir da gegenübersitzt, sieht kernig aus, gut gebräunt, die Haare mittelblond, garantiert nicht gefärbt, nur an den Schläfen blitzen ein paar graue Strähnen durch. Bernd trägt ein teures Polohemd, kleine Karos in Blau und Weiß. Dieser Typ wirkt nicht wie ein Außenseiter, eher wie jemand, der zufrieden ist. Das muss er mir erklären. Aber zunächst frage ich ihn nach den vielen Westsachen. Das war doch so, oder?

»Ja, das stimmt. Oma und Opa, also die Eltern von meiner Mutter, wohnten in Westberlin. Die sind alle zwei Wochen zu Besuch gekommen und haben alles mitgebracht: Schokolade, Zigaretten, Kaffee, Kaugummis, Kosmetik, Seife, Waschpulver, Klamotten und natürlich haben sie auch

Bernd in der Instandhaltungswerkstatt der S-Bahn, 2020

immer D-Mark dagelassen. Die schleppten so viele Sachen an, dass ich einen regelrechten Handel in der Nachbarschaft betrieben habe. Vor allem Kaffee war gefragt. Ein Pfund West-Kaffee gabs bei mir für 50 Ostmark.« Von Bernds Geschäftstüchtigkeit habe ich als Kind nichts mitbekommen, ganz im Gegenteil. In meiner Erinnerung war er ausgesprochen großzügig und teilte seine Süßigkeiten mit uns anderen, Köstlichkeiten wie »Nimm2«-Bonbons, »Mars«-Riegel oder »Hubba Bubba«-Kaugummis.

Bernd hatte keinen Vater mehr, der war schon tot, das wussten wir Kinder. Dass sein Vater Bäcker gewesen und an Leukämie gestorben war, als Bernd fünf Jahre alt war, erfahre ich erst jetzt. Die Mutter hat dann viele Jahre bei der Post gearbeitet. Sie sei ein Adler gewesen, erklärt mir Bernd. Es gebe ja bei Frauen Adler und Enten. Die Enten würden alles mit sich machen lassen, die Adler nicht. Er hat auch gleich ein Beispiel für den Adler-Charakter seiner Mutter. Als er nach der achten Klasse von der Schule abgehen sollte, weil seine Noten »nicht so berauschend waren«, ist seine Mutter zum Schulrat marschiert und hat erklärt: »Mein Sohn macht die 10. Klasse!« Das hat er dann auch. Auf seinem Abschlusszeugnis der zehnten Klasse standen überwiegend Zweien und ein paar Dreien. Als es um die Lehrstelle bei der Deutschen Reichsbahn ging, schlugen sie ihm vor, statt einer normalen Ausbildung den Facharbeiterabschluss mit Abitur zu machen. »Ich habe aber lieber nur die normale Lehre als Instandhaltungsmechaniker gemacht. Das war eine dieser Entscheidungen im Leben«, meint Bernd, »wo mir die Entschlusskraft gefehlt hat oder anders gesagt ein Vater, der mir eine bestimmte Entschlossenheit mit auf den Weg gegeben hätte.«

Dann startet Bernd eine Art psychologischen Exkurs, spricht über männliche und weibliche Gehirnhälften, erzählt, dass er regelmäßig meditiert und seit ein paar Jahren Yoga macht. Irgendwann habe er herausgefunden, dass es unter seinen Vorfahren einen berühmten Psychologen gab. Nicht irgendeinen, sondern den Wegbereiter der Psychosomatik in Deutschland, also jener Lehre, die davon ausgeht, dass es für körperliche Beschwerden oft psychische Gründe gibt. »Oder«, wie Bernd mir an einem Beispiel erklärt, »wenn du Kummer hast, kann es eben sein, dass du dadurch etwas übergewichtig bist.«

Von Übergewicht kann bei meinem einstigen Klassenkameraden keine Rede sein. Also hat das mit dem Kummer offenbar stark nachgelassen im Leben von Bernd, den seine Kollegen und Freunde »Kuno« nennen, wie ich erfahre. Das wiederum hat mit seiner Lehrzeit im RAW zu tun. Die drei Buchstaben stehen in Berlin heute für das Club- und Party-Gelände am Bahnhof Warschauer Straße. Viele der jungen Besucher sprechen die drei Buchstaben englisch aus – Roah. Woher sollen sie auch wissen, dass dort einst im Reichsbahnausbesserungswerk – im RAW – Lokomotiven und Waggons repariert wurden? Hier hat Bernd Instandhaltungsmechaniker gelernt. Weil es in der Brigade schon mehrere Kollegen mit seinem Vornamen gab, bekam er einen neuen verpasst.

»Die haben gefragt: Hasten Hobby? Habe ich gesagt: Ja, Fußball-Fan. Welcher Verein? Hertha BSC. Wie heißt denn der Trainer von denen? Kuno Klötzer, habe ich geantwortet. Okay, haben die Alten in der Brigade gesagt, dann bringst du morgen zwei Flaschen Schnaps mit und dann biste ab morgen Kuno.« Fortan hieß Bernd »Kuno«, bei den Kollegen im RAW, auch später, als er S-Bahn-Fahrer war und dann in den letzten Jahren, als die Knochen schon langsam nicht mehr wollten, und er draußen in Berlin-Grünau in der Instandhaltungswerkstatt der S-Bahn gearbeitet hat. Mit einundsechzig geht er jetzt in den vorgezogenen Ruhestand.

Aber warum, Bernd, warst du damals Hertha BSC-Fan? Wahrscheinlich schwingt Empörung in meiner Frage mit. Schließlich schlägt mein Herz für den anderen großen Berli-

Bernd mit Freunden und im Hertha BSC-Trikot

ner Fußballclub, für den 1. FC Union. Als Sechzehnjähriger hatte mich ein Freund zu meinem ersten Union-Spiel mitgeschleppt. Kurz darauf feierte ich im rot-weißen Fanblock die beiden legendären 1:0-Derby-Siege der Köpenicker gegen den damaligen Erzrivalen aus Hohenschönhausen. Hertha-Fan zu werden, wäre mir nicht im Traum eingefallen. Abgesehen vom angestaubten Vereinsnamen, hätte ich Hertha BSC niemals live im Stadion sehen können, denn die spielten ja im Westen. Allerdings ist mir nun klar, warum Bernd schon als Schüler dauernd in blauen Klamotten rumgerannt ist und auch, warum er hier im Café ein blau-weißes Polohemd trägt. Es sind die Hertha-Farben! Also noch mal die Frage – wahrscheinlich klinge ich inzwischen etwas inquisitorisch – warum bist du Hertha-Fan geworden?

Durch einen Spielbericht, sagt Bernd. Es war ein Sonnabend, und er war zehn Jahre alt. Im Fernsehen lief die Sportschau und sie zeigten einen Bericht vom Spiel Hertha BSC gegen Borussia Dortmund. Anschließend, gesteht mein alter Mitschüler, war er verliebt in diesen Charlottenburger Fußballverein. Mit 9:1 (!) Toren fegten die Blau-Weißen an jenem Tag Dortmund vom Platz. Von diesem legendären Spiel hatte ich als Sportreporter natürlich schon mal gehört, es ist bis heute Herthas höchster Bundesliga-Sieg aller Zeiten. Das Ganze trug sich am 18. April 1970 zu. An jenem Tag also verliebte sich Bernd, der später Kuno heißen würde, in Hertha. Fortan mussten Oma und Opa dem Zehnjährigen Wimpel, Anstecker und Zeitungsartikel mitbringen.

Hast du mal überlegt, in den Westen zu gehen, will ich wissen. Dann hättest du deinen Lieblingsverein jederzeit live im Stadion sehen können. Deine Verwandten wohnten doch auch fast alle drüben und als Instandhaltungsmechaniker hättest du bei der Bundesbahn sicher einen guten Job bekommen. »Tatsächlich gab es die Chance, die Seiten zu wechseln. Das war in den späten achtziger Jahren«, erzählt mir Bernd. Seine Mutter hatte einen Westberliner kennengelernt und die Hochzeit sollte oben an der Nordsee stattfinden. »Inzwischen war das mit Verwandtenbesuchen nicht mehr so schwierig«, erinnert er sich. Jedenfalls bekam er von den DDR-Behörden eine dreiwöchige Besuchsreise genehmigt. Klar, dass er damals erstmal zu einem Hertha-Heimspiel gegangen und erst anschließend nach Bremen zur Hochzeit der Mutter geflogen ist. Aber er hat nicht einen einzigen Moment daran gedacht, drüben zu bleiben. Es war so eine unbestimmte Angst, dass er unter die Räder kommen könnte, dort im anderen System. Arbeitslosigkeit und so. Auch seine West-Verwandten hatten schließlich oft gemeint: »Bernd, bleib mal hier im Osten. Hier bist du besser aufgehoben.« Vielleicht fehlte ihm auch mal wieder diese Stärke, meint er, diese Entschlossenheit, die ihm ein Vater hätte vermitteln können. Andererseits, warum sollte er abhauen? Es ging ihm doch gut in der DDR. Kurz vor der Wende hatte ihm sein Onkel, der ein hohes Tier bei der Westberliner Polizei war, sogar noch einen nagelneuen FIAT besorgt. Bernd hatte eine Lebensversicherung von 20.000 Ostmark ausgezahlt bekommen und das Geld auf verschlungenen Wegen an den Onkel weitergeleitet, der dann wiederum den italienischen Neuwagen nach Ostberlin hatte liefern lassen. Bernd durfte sich das Auto in der Tiefgarage des Metropol-Hotels am Bahnhof Friedrichstraße abholen. Dort unten residierte die Handelsfirma GENEX, bei der Westler Waren bestellen und an ihre Ostverwandten liefern lassen konnten. »Bei der Fahrzeugübergabe ging es hochherrschaftlich zu«, erinnert sich Bernd, »es gab Sekt und ich fühlte mich hofiert, wie ein Staatsratsvorsitzender.«

Vor einem Vierteljahrhundert hat er Ramona kennengelernt, seine Frau. Im Berliner Kurier annoncierte er damals »Hertha-Fan sucht Gleichgesinnte«. Sie sind noch immer glücklich, während seine Liebe zu Hertha irgendwann so abgekühlt war, dass er dem Verein den Rücken kehrte. Seit ein paar Jahren aber ist er wieder Mitglied bei den Blau-Weißen.

Bernd, der Junge, der auf unserem Klassenfoto damals etwas abseits stand. Ob er manchmal neidisch war, frage ich ihn, auf diejenigen in unserer Klasse, deren Eltern wichtige Jobs hatten, durch die Welt reisten oder berühmt waren? »Nee«, kommt es wie aus der Pistole geschossen. Erstens hat es ihm materiell an nichts gefehlt. Und zweitens, erinnert er sich, »hatten doch viele Eltern auf der Fischerinsel nie wirklich Zeit für ihre Kinder.«

Das ist, sagt er, das Grundgefühl, wenn er an die Kinder von der Fischerinsel denkt. Eltern, die beruflich irgendwas Wichtiges machten, aber wenig Zeit für ihre Töchter und Söhne hatten. Dass ihm das damals schon so aufgefallen ist, finde ich bemerkenswert. Wahrscheinlich haben Außenseiter gute Antennen. Auch zu Ann-Maren fällt ihm noch eine Beobachtung ein. Die mit dem skandinavischen Nachnamen. Ob ich mich an die erinnern könne? Und ob!

Bernd meint, dass sie im Unterricht regelmäßig irgendwelche Tropfen nahm. War Ann-Maren herzkrank? Lebte sie überhaupt noch?

Aber da war Bernd schon bei Carola. »Hier«, meinte er, »die neben dir auf dem Foto, das ist doch Caro, die so ein bisschen aussah wie Mireille Mathieu.«

Caro

Caro hat mir den ersten Zungenkuss in meinem Leben verpasst. Wir waren dreizehn und »verpasst« ist das richtige Wort, denn die Initiative ging eindeutig von ihr aus. Ich selbst war viel zu schüchtern und verklemmt. Unser Klassenfoto spricht Bände. Caro, das Mädchen rechts neben mir, also die mit den Zöpfen, wusste dagegen sehr genau, was sie wollte. Dass sie der französischen Sängerin Mireille Mathieu ähnlich sieht, finde ich eher nicht. Aber wenn Bernd meint.

Die Sache mit dem Zungenkuss passierte übrigens in meinem Neun-Quadratmeter-Kinderzimmer auf der Fischerinsel. Den Raum teilte ich mir mit meinem älteren Bruder, der zu der Zeit praktischerweise gerade seinen Wehrdienst ableistete, bei der *Fahne* war, wie man damals sagte.

Mehr als heftiges Knutschen passierte übrigens nicht.

»Wir waren echt noch totale Kinder«, lacht Caro fast fünfzig Jahre später. Wir sitzen vor einem asiatischen Lokal im Touristenviertel um die Oranienburger Straße. Gerade hatte meine Freundin von damals ihren schwarzen Sportwagen um die Ecke geparkt. Sie kommt vom Spätdienst beim Fernsehen. Dort gestaltet sie als Grafikerin die Hintergrundbilder für das Studio, Collagen, die das Thema der Moderation pointiert illustrieren. Sie trägt ihr dunkles Haar noch immer lang, hier und da schimmert eine graue Strähne durch. Ihre dunklen Augen strahlen vor Fröhlichkeit, Unternehmungsgeist und Aufmüpfigkeit wie damals als Siebtklässlerin.

An die Sache mit dem Zungenkuss kann sie sich nicht mehr erinnern. Meine Kusstechnik hat anscheinend keinen bleibenden Eindruck hinterlassen bei Caro, die eigentlich Carola heißt, und außer Zungenkuss noch andere Sachen konnte, die ich bewunderte. Im Unterricht spielte sie mit ihren Banknachbarn heimlich Skat. Die anderen wurden regelmäßig erwischt, Caro nie. Unerschrocken setzte sie sich als Vierzehnjährige auf das Moped eines Mitschülers. Natürlich hatte sie keine Ahnung vom Moped fahren. Aber das war ihr egal. Sie startete den Motor und machte mit der Maschine einen Riesensatz. Es klirrte und schepperte. Der »Habicht«, so hieß das Modell, hatte ein paar Beulen und Schrammen. Caro aber schüttelte sich nur kurz. Sie hatte einfach keine Angst, auch nicht davor, Lehrern zu widersprechen. Wenn sie etwas ungerecht fand, wehrte sie sich. Was sie mal werden will, wusste sie ganz genau: Kranfahrerin, genau wie die Mutter ihrer besten Freundin Kerstin. Kerstin und ihre Kranfahrer-Mutter wohnten bei uns in der Fischerinsel sechs. Gelacht hat über diesen Berufswunsch niemand in der Klasse, wenn ich mich richtig erinnere. Krananlagen zu steuern, in riesigen Werkhallen zum Beispiel, war damals ein durchaus akzeptabler Berufswunsch für Mädchen.

Caro und ich jedenfalls mochten uns, was vielleicht auch daran lag, dass wir beide neugierig waren, zum Beispiel auf das Innenleben der zum Abriss bestimmten Häuser des alten Fischerkiezes. In der Friedrichsgracht, zwischen Roßstraßenbrücke und Inselbrücke stand noch eine ganze Häuserreihe. Das waren Gebäude, die teilweise noch aus dem 17. Jahrhundert stammten, inzwischen allerdings reichlich runtergekommen aussahen. Die früheren Bewohner waren inzwischen fast alle weggezogen, meist in Neubauwohnungen anderswo in Ostberlin. Hinter der alten Häuserzeile ragten bereits die ersten Hochhäuser der Fischerinsel empor.

Caro erinnert sich, wie wir beide durch dunkle, muffige Hausflure und Treppenhäuser schlichen und an den Mann, der plötzlich hinter einer der Wohnungstüren hervorschaute. Wir hatten an einer der wenigen noch verschlossenen Türen geklingelt. Dass tatsächlich jemand öffnen würde, ein uralter Mann, der uns aus dunklen Augen anstarrte, damit hatten wir nicht gerechnet. Uns Fünftklässlern war eine Art Geist erschienen, ein Untoter aus dem alten Fischerkiez.

Vielleicht gruselten wir uns auch deshalb so, weil es in den Hochhäusern der Fischerinsel fast niemanden gab, der älter war als Mitte Vierzig. Unter den rund fünftausend Mietern überwogen Akademiker um die Vierzig, der Rest waren Kinder und Jugendliche. Alte und Grauhaarige sah man höchstens, wenn mal Großeltern zu Besuch waren. Die Bevölkerungsstruktur war ein bisschen so, wie Jahrzehnte später im Prenzlauer Berg.

Im Frühjahr 2020 besuche ich Gerhard Boß. Der Achtundachtzigjährige war jahrzehntelang Pfarrer der Petri-

Der Autor und Caro in den siebziger Jahren

Gemeinde, zu deren Sprengel auch der alte Fischerkiez und später unsere Hochhaussiedlung gehörten. Ich erzähle Pfarrer Boß von der Begegnung mit dem sonderbaren Alten in dem Abbruchhaus. Er nickt, als habe er solche Geschichten öfter gehört oder selbst erlebt. Während ich ihm von damals berichte, blättert er in einem Album. Er hat viel fotografiert im alten Fischerkiez. Schließlich tippt er auf ein Foto, auf dem die letzte alte Häuserzeile in der Friedrichsgracht zu sehen ist. Es ist jener Anblick, an den sich auch Caro und ich erinnern können. Boß zeigt mit dem Finger auf die alten Gebäude. »Hier, sehen Sie, da stehen noch fünf alte Häuser. Das mittlere von den fünf Häusern ist die Nummer fünfzehn. Das ist das Haus mit dem kleinen Treppenvorbau. Dort hat das Ehepaar Dathe gelebt. Die hatten im Keller

Friedrichsgracht 13–17, im Hintergrund erste Hochhausneubauten

einen Kartoffelhandel. Oben drüber haben sie gewohnt. Die Dathes kannte jeder in der Gegend hier. Das Ehepaar aus der Friedrichsgracht zog dann nach Schöneweide in eine Neubauwohnung.«

Pfarrer Boß hat sie dort noch ein paar Mal besucht. »Die neue Wohnung, das muss man schon sagen, war viel komfortabler, mit Heizung, Bad und fließendem Warmwasser. Aber der alte Kartoffelhändler hat seine Koffer dort in der neuen Wohnung nie ausgepackt. Die Koffer und einige Umzugskisten standen dort tatsächlich unberührt im Flur, bis zum Schluss.« An dieses Bild kann sich Boß bis heute erinnern. »Herr Dathe, der übrigens nicht verwandt war mit dem langjährigen Direktor des Berliner Tierparks, starb wenige Monate nach dem Umzug. Er starb an gebrochenem Herzen«, ist sich der Pfarrer sicher. Der Kartoffelhändler vom Fischerkiez hatte seine Heimat verloren.

Während die Alten vom Fischerkiez damals ihre Heimat verloren, entdeckten wir Kinder zur gleichen Zeit unsere neue Heimat, die Fischerinsel, wie das Viertel jetzt genannt wurde. Das Wort »Fischerkiez« galt inzwischen als unfein, nicht mehr schick genug für die Neubausiedlung, klang nach Armut und feuchten Wänden, nach Hunger und Tuberkulose, nach Vergangenheit.

Da die Hochhäuser tatsächlich hoch waren, nämlich fast siebzig Meter, hatten wir von den Aussichtsplattformen, die es auf jedem Dach gab, eine fantastische Sicht auf Berlin, auch nach Westberlin. Bis zur Grenze nach Kreuzberg waren es von unserem Haus keine fünfhundert Meter Luftlinie. Dort drüben, in der Oranienstraße, sahen wir die gelben Doppeldecker der Westberliner BVG fahren. »Ja, die Doppelstockbusse«, schwärmt Caro. Die fand sie irgendwie cool, hätte da gerne mal oben dringesessen, ganz vorne natürlich, wie in den Ostberliner Doppeldeckern, die noch bis in die siebziger Jahre unterwegs waren auf der Linie 27 nach Müggelheim.

Caro und ich schwärmen noch heute von den Ostberliner Dopplstockbussen, deren Front nicht platt war, wie bei den West-Modellen, die wir vom Dach der Fischerinsel aus beobachteten, sondern die eine Schnauze hatten, was dem Ost-Modell ein drolliges und knuddeliges Gesicht verlieh.

Caro und ich grübeln, wie wir die Berliner Mauer damals als Kinder wahrgenommen haben. Wir beide, Jahrgang 1960, waren mit der Grenze aufgewachsen, sie war für uns Kinder sozusagen schon »immer« dagewesen. Abgesehen davon, stieß man bei uns in Berlin-Mitte an drei Seiten des Bezirks garantiert immer auf die Mauer: Im Norden an der Bernauer Straße begann der Wedding, im Westen hinter dem Brandenburger Tor der Bezirk Tiergarten und im Süden, bei uns an der Fischerinsel, grenzte Mitte an Kreuzberg.

Wir waren die erste Generation, die im endgültig geteilten Berlin aufwuchs, und kamen beide aus typischen Berliner Familien. Ein Teil der Sippe wohnte im Osten, der andere im Westen. Wir freuten uns, wenn die Verwandtschaft Kaugummis, Schokolade oder auch mal eine Beatles-Schallplatte mitbrachte. Irgendwann allerdings fingen einige der Verwandten an zu nerven. Das war bei Caros Familie genauso wie bei meiner. Die Westverwandtschaft war lauter, als die Ostler, wusste alles besser, protzte mit ihren Italien- oder Spanien-Reiseberichten. Seltsamerweise wurden gleichzeitig die Geschenke immer dürftiger. Enttäuschender Höhepunkt bei uns Ulrichs war die Sache mit dem Taschenrechner. Der Osten war mal wieder technisch meilenweit hinterher und die ersten Taschenrechnermodelle aus volkseigener Produktion klobige Teile, die »Konkret 200« hießen, hatten nicht mal Quadrat- und Wurzelfunktion und kosteten obendrein 800 Mark. Jedenfalls überreichte uns eines Tages ein Verwandter mit großer Geste einen Taschenrechner. Einen (!) Rechner für mich und meine drei

Geschwister. Wir wussten, dass die Teile drüben viel billiger waren als bei uns. Der Verwandte hatte zudem vergessen, den Preisaufkleber abzukratzen. Der Taschenrechner, übrigens ein Modell aus Japan, hatte 14,99 D-Mark gekostet.

Dass die Mauer manchen Menschen auch Schmerzen bereitete, auch das bekamen wir mit. Caro fällt ein, dass sie mit einer Freundin mal an der Grenze entlanglief, nicht weit von der Fischerinsel, und die andere plötzlich anfing zu weinen. Ihr großer Bruder war kurz zuvor in den Westen geflohen. Sie würde ihn schlimmstenfalls nie wiedersehen. Schließlich durfte, wer geflohen war, häufig jahrelang nicht wieder einreisen. Obendrein war der Vater der Freundin bei der Volkspolizei, würde also vielleicht beruflichen Ärger bekommen. Dieser Vater war übrigens nicht irgendein Polizist, sondern unser Abschnittsbevollmächtigter, der ABV der Fischerinsel.

Abschnittsbevollmächtigte waren für ein bestimmtes Wohnviertel zuständig, schauten nach Kleinigkeiten, etwa ob Kellerfenster eingeschlagen oder Baustellencontainer richtig verschlossen waren und verteilten Strafzettel an Parksünder. Man kannte seinen ABV, seinen »Sheriff«, wie es mal spöttisch, mal respektvoll hieß. Es gab zwei Typen ABV, den Machtbesessenen und den eher netten.

Der ABV auf der Fischerinsel gehörte zur letzteren Kategorie, wenn ich mich richtig erinnere. Ein Reporter der Illustrierten NBI begleitete den Polizei-Leutnant im Frühsommer 1973 für einen Tag bei seiner Streife im Kiez. Der ABV nahm den Journalisten mit auf das Dach der Fischerinsel eins. Beim Blick über die Insel erklärte der Polizist: »Ich bin manchmal hier oben und beobachte das Baugeschehen, die Parkplätze, die Menschenbewegungen. Ich könnte, wenn ich Feldstecher und Sprechfunkgerät mitnähme, von hier aus eingreifen, ohne selbst in Erscheinung zu treten. Aber das ist natürlich nicht drin. Die Bürger müssen ihren ABV sehen.« Vom Kiezpolizisten der Fischerinsel wird später noch die Rede sein.

Weil wir gerade beim Thema Polizei sind, kommt Caro auf die Geschichte zu sprechen, die sie am 7. Oktober 1977 erlebte. Es war Feiertag, Tag der Republik, der achtundzwanzigste DDR-Geburtstag. Am Morgen waren, wie immer am 7. Oktober, die Panzer zur Militärparade durch Ostberlin gerollt. Tagsüber gab es am Alexanderplatz ein Volksfest mit Bühnen und Buden. Am Abend sollte eine Rockband vor dem Fernsehturm spielen.

Von der Fischerinsel war es nicht weit zum Fernsehturm. »Wir waren mit einer ganzen Truppe da, mein Bruder war dabei und noch vielleicht zehn andere Leute«, erinnert sich Caro. »Plötzlich drängte ein großes Polizeiaufgebot zur Bühne. Es flogen Steine, es wurde geprügelt.« Statt eines Rockkonzertes entwickelte sich an jenem Abend eine mehrstündige Straßenschlacht zwischen Tausenden von Jugendlichen und der Polizei. Es waren die größten Jugendkrawalle in der Geschichte der DDR. Offiziell war später die Rede von 83 Verletzten und 468 Festnahmen. Caro war dabei und erzählt, wie es weiterging: »Die Band hatte längst aufgehört zu spielen. Wir waren in die Passagen in der Rathausstraße geflohen, beobachteten von da oben das Geschehen und hörten Sprechchöre, die gegen Honecker und die DDR gerichtet waren. Aber warum da plötzlich so eine Gewalt explodierte, das haben wir in dem Moment überhaupt nicht mitbekommen, sondern erst viel später erfahren, dass alles durch ein Missverständnis entstanden war: Nachdem ein paar Jugendliche auf einen Lüftungsschacht geklettert und dort reingestürzt waren und sich schwer verletzt hatten, wollten die Polizisten die Rettungswagen an den Unglücksort dirigieren. Aber den Unfall hatte fast keiner bemerkt und deshalb hatten wir alle den Eindruck, dass die Polizisten einfach so und grundlos die Besucher von der Bühne wegdrängen wollten.«

Aus einem Missverständnis entlud sich an jenem Abend die Wut vieler Jugendlicher über Gängelung und Bevormundung im DDR-Alltag. Unter den festgenommenen Jugendlichen war auch Caros Bruder. »Als Polizisten seine Freundin an den Haaren zu einem bereitstehenden LKW zerren wollten, hat mein Bruder Rot gesehen und ist auf die Bullen zugerast und hat auf die eingeprügelt. Anderthalb Jahre haben sie ihn dafür eingebuchtet, in Luckau«, erzählt Caro. »Die Zeit im Knast hat ihn dann für immer aus der Bahn geworfen. Er kriegte Berlin-Verbot, arbeitete auf einer LPG, fing an zu saufen und ist nie wieder auf die Beine gekommen. Heute ist er ein Wrack, lebt in einem Pflegeheim.«

Wir schweigen eine ganze Weile, nippen an unseren »Pinot Grigio«. Caro fängt als Erste wieder an zu reden, erzählt, wie es mit ihr weiterging. Sie ist dann doch nicht

Kranführerin geworden, sondern hat später an der Volkshochschule das Abitur gemacht und Kulturwissenschaften studiert. Nach der Wende hat sie beim Fernsehen als Grafikerin angefangen. Viele Jahre war sie glücklich mit einem Mann verbunden, mit dem sie noch heute gut befreundet ist. Kinder hat sie nicht und spürte eigentlich schon recht lange, dass sie Frauen bevorzugt. Dann fand sie schließlich ihre Liebe Jenny. Sie waren ein glückliches Paar, bis der Krebs ihr Jenny nahm. Seit einigen Jahren führt Caro nun wieder eine sehr glückliche Beziehung. Kennengelernt haben sie sich im Netz und Caro hat schon beim ersten Date gewusst: »Das ist sie! Beim Abschiedskuss war es sonnenklar.« Beim Kuss also. Ich denke noch mal kurz daran, wie tollpatschig ich mich wohl angestellt habe, damals als Caro mir den ersten Kuss verpasste. Natürlich behalte ich das in diesem Moment für mich. Wir reden stattdessen über unsere Mitschüler von damals.

Caro fragt: »Was wohl aus Andreas geworden ist, dem aus der Fischerinsel eins? Sein Vater ist ja damals in Vietnam umgekommen, kurz vor Ende des Krieges. Das war doch ein ganz schlimmer Tag, als unsere Klassenlehrerin uns das mitteilte. Andreas hat dann ganz schlimm geheult und ist rausgerannt aus dem Klassenraum.« Ob ich mich denn daran nicht erinnern könne? Kann ich nicht. Aber Caro ist sich ganz sicher: »Der Vater von Andreas ist damals gefallen in Vietnam, so hatte es die Lehrerin ausgedrückt.« Gefallen? Das sagt man doch eigentlich nur bei Soldaten. War die DDR-Armee verwickelt in den Vietnamkrieg?

Ein paar Tage nach dem Treffen mit Caro stehe ich vor der Fischerinsel eins. Andreas Familienname steht nicht mehr am Klingelbrett. Ich durchforste das Netz. Erfolglos. Kein Eintrag, keine Telefonnummer, kein Social Media-Profil. Nur auf der Homepage eines Web-Radios aus der Provinz gibt es einen Namensvetter. Der Sender ist, wenn ich es richtig verstehe, auf Schlagermusik spezialisiert. Es gibt auch ein Foto. Darauf ist jemand zu sehen, der aussieht wie ein Doppelgänger des Schlagersängers Roger Whittaker. Weißer Hut, weißes Sakko, gut gebräunt, lässig dem Betrachter zugewandt.

Den richtigen Andreas aber find ich nicht. Lebt er überhaupt noch, hat er den Namen seiner Frau angenommen, ist er ausgewandert oder geht er einem Job nach, bei dem man besser keine Spuren im Netz hinterlässt? Ein Ass habe ich noch im Ärmel, sein Geburtsdatum. Das Datum habe ich von der Namensliste unseres Klassentreffens aus den neunziger Jahren. Ich tippe das Geburtsdatum und Andreas vollständigen Namen in die Suchmaske des Einwohnermeldeamtes, drücke die Entertaste und – Treffer! Ich habe Andreas' Anschrift. Er wohnt in einem Hochhaus in der Leipziger Straße, also ganz nahe bei der Fischerinsel. Zwischen Andreas' damaligem und seinem heutigen Zuhause sind es höchstens zehn Minuten zu Fuß. Die Häuser in der Leipziger Straße waren kurze Zeit nach denen auf der Fischerinsel errichtet worden. Die vier Doppelhochhäuser bieten noch etwas mehr Wohnkomfort, alle Wohnungen haben einen Balkon und sind großzügig geschnitten. Wie auf der Fischerinsel wohnten auch in der Leipziger Straße viele Künstler, Funktionäre und Wissenschaftler, außerdem Diplomaten und ausländische Korrespondenten.

Wo Andreas heute wohnt, weiß ich also, habe aber weder Telefonnummer noch Mailadresse, kann mich also nicht vorher anmelden. Der Sonntagnachmittag scheint mir der richtige Zeitpunkt für einen unangekündigten Besuch zu sein. Unten im Haus gibt es eine verglaste Pförtnerloge. Ich habe für alle Fälle einen großen Blumenstrauß dabei, nicke der Portiersfrau freundlich zu, schlüpfe im Windschatten eines älteren Pärchens durch die Eingangstür und läute kurz darauf an der Wohnungstür.

Andreas

»Nanu, was will denn der rbb bei uns, gibt es heute eine Sendung hier?«, platzt es aus Andreas heraus, kaum dass er die Tür geöffnet hat. Er kennt mein Gesicht aus dem Fernsehen und ganz langsam erinnert er sich, dass er und ich vor fünfzig Jahren in eine Klasse gegangen sind und in Nachbarhäusern auf der Fischerinsel wohnten, er in der Eins, ich in der Sechs. Auf dem Klassenfoto von 1971 hatte ich ihn vergeblich gesucht. Er war wohl an jenem Tag, als das Foto entstand, nicht in der Schule. Ich habe also kein altes Bild, um zu vergleichen.

Der Andreas, der mir gerade die Tür geöffnet hat, ähnelt auf verblüffende Art dem Schauspieler Milan Peschel, der in seinen Rollen auf Underdogs, auf Freaks und sympathische Verlierer abonniert ist. Peschels Vater übrigens war unser Mathematiklehrer. Das hat mir bei den Recherchen zu diesem Buch unsere einstige Klassenlehrerin erzählt. Als ich, um ganz sicher zu gehen, den Schauspieler anrufe, lacht der ins Telefon und bestätigt, dass sein Vater tatsächlich Mathelehrer an unserer Schule, der 15. POS, war. Im Gesicht sah Lehrer Peschel übrigens haargenau so aus, wie heutzutage sein berühmter Sohn.

Aber zurück zu Andreas. Irgendwas an seiner Art sich zu bewegen und dabei hemmungslos zu berlinern, erinnert mich jedenfalls an Peschel. Ich lasse mich freundlich ins

Wohnzimmer bugsieren, sehe durch geöffnete Zimmertüren schwere alte Biedermeier-Möbel. An fast jeder Wand hängen antike Uhren. Auf einem Tischchen liegt ein in seine Einzelteile zerlegtes Uhrwerk. Ist Andreas Uhrmacher? Das werde ich bald herausfinden. Erstmal, beschließe ich, sollten wir die Sache mit dem Tod seines Vaters hinter uns bringen. Wie war das damals in Vietnam? Ich berichte ihm, was Caro mir erzählt hat.

»Nein, es war ganz anders«, schüttelt Andreas den Kopf, als habe er die Geschichte schon unzählige Male richtigstellen müssen. »Ja, es stimmt, mein Vater war damals in Vietnam. Aber nicht als Militär, sondern als staatlicher Bau-Berater. Er hat dort unten in den siebziger Jahren den Aufbau von Krankenhäusern geleitet. Die Vietnamesen haben ihm dafür später ihren höchsten Orden verliehen. Dann kamen die letzten Kriegswochen, das war im Frühjahr 1975, als die nordvietnamesischen Truppen in Richtung Saigon vorstießen.«

In dieser Schlussphase des Krieges sei sein Vater eines Tages mit seinem Konvoi von Baufahrzeugen heftig unter Beschuss geraten. Die Situation war wohl tatsächlich brenzlig und der Kontakt in die Heimat für ein paar Tage unterbrochen. Klar, dass seine Mutter sich Sorgen gemacht habe, zu Hause in Berlin auf der Fischerinsel. Sie hat dann wohl in der Schule darum gebeten, rücksichtsvoll mit Andreas und seiner jüngeren Schwester umzugehen. »Irgendwie hat unsere Klassenlehrerin das wohl falsch verstanden«, erinnert sich Andreas. Was sie den Schülern dann erzählte, klang jedenfalls noch dramatischer, als es ohnehin war. Dass er aus dem Klassenzimmer gerannt ist, daran kann sich Andreas noch gut erinnern. Aber das war nicht aus Trauer, denn sein Vater war ja gar nicht tot, sondern weil es ihm unangenehm war, plötzlich im Mittelpunkt zu stehen. Ein paar Tage später landete sein Vater dann wohlbehalten in Berlin-Schönefeld.

Andreas wollte nicht im Mittelpunkt stehen. So habe ich ihn in Erinnerung. Als jemanden, der eher abtauchte und dem die Dinge in der Schule nicht gerade zuflogen, um es mal so zu sagen. Mehr weiß ich nicht mehr. Höchstens noch, dass er in der Fischerinsel eins wohnte. »Ja, das stimmt«, bestätigt mein Namensvetter, »Drei-Raum-Wohnung, fünfzehnte Etage, spektakulärer Blick zum Alexanderplatz und weit über den Prenzlauer Berg«.

Als sie dort einzogen, im Frühjahr 1970, konnte er sich nicht satt sehen an diesem Panorama und hatte zugleich furchtbare Angst. Angst vor dem Fahrstuhl, genauer davor, steckenzubleiben mit dem Aufzug. Sowas kam schon mal vor. Dann vollführte der Fahrstuhl plötzlich ein paar ruckartige Bewegungen und blieb stehen. Für diese Fälle gab es einen Notknopf in der Kabine, aber es konnte mitunter einige Zeit dauern, bis die Monteure eintrafen, um die Eingeschlossenen zu befreien. Jedenfalls mieden Andreas und seine Schwester monatelang den Aufzug und liefen stattdessen die fünfzehn Stockwerke zu Fuß, hoch und runter. An solche Fahrstuhlängste kann ich mich nicht erinnern. Was aber vielleicht daran liegt, dass wir Ulrichs in der ersten Etage wohnten und den Aufzug ohnehin fast nie benutzten.

Auch andere dramatische Situationen sind offenbar an mir vorbeigegangen, damals auf der Fischerinsel.

Das Erdbeben zum Beispiel. Andreas fragt mich, ob ich mich noch daran erinnern kann, »wie unsere Fischerinsel mal von einem Erdbeben heimgesucht wurde? Das muss Mitte der siebziger Jahre passiert sein«, ist sich mein Mitschüler sicher. »Ich saß gerade bei meinem Freund Bernd, zwei Stockwerke tiefer, wir guckten einen Film im Fernsehen, als plötzlich die Wohnzimmerlampe hin und her gewackelt hat und die Couch schwankte. Als wir aus dem Fenster schauten, sahen wir überall vor den Häusern aufgeregte Menschen und Feuerwehrfahrzeuge, die aus allen Richtungen vorgefahren kamen.«

Ich habe noch nie von einem Erdbeben auf der Fischerinsel gehört. Warum ausgerechnet und ausschließlich bei uns auf der Fischerinsel? Wir sind doch hier nicht in den Anden. Hier gibt es doch keine unterirdischen Bruchschollen. Unter den Häusern lagert doch nur harmloser märkischer Sand. Irrt sich jetzt vielleicht auch Andreas, so wie sich Caro geirrt hatte, was den Tod seines Vaters in Vietnam anging? Wieder zu Hause starte ich meinen Computer und überlege, ob ich in die Suchmaschine »Erdbeben in Berlin« eingeben soll. Vermutlich lande ich dann bei Artikeln über »politische Beben« in der Bundeshauptstadt. Ich tippe es trotzdem in die Suchmaske und lande ein paar Klicks später tatsächlich beim Berliner Erdbeben von 1976. Gleich zwei Mal hatten in jenem Jahr Erdbebenwellen Berlin erfasst, am 6. Mai und am 15. September. In beiden Fällen waren

der Rost

Dinol

Donnerstag, 16. Sept. 1976 – 35 Pf

Nr. 216 • BERLIN-AUSGABE • 38. WOCHE

Bild

BERLIN

7:0 Braunschweig wie entfesselt

HSV–Keflavik 3:0

1. FC Köln–Tychy 2:0

Gladbach–Wien 0:1

Polizei-Skandal

Judos: Senator Neubauer soll zurücktreten

Zunge – nicht durch die Lunge:

Clubmaster. Eine Cigarillolänge Naturgeschmack.

Jubel um Sammy Davis in Berlin

Große Berichte auf Seite 5

Grunewald: Wim Thoelkes Assistentin ausgeraubt!

Nachrichten

Durchgekommen

Ford streikt

Überall: Die Preise

Halbmast

UNO-Palme?

Unser TV-Tip

Burton wird Vater

Miss Marple lebt ewig

Amerikanisches Riesen-Flugzeug holt MiG ab

Erdbeben in Deutschland

Hochhäuser schwankten, Menschen flüchteten

Die Natürlichkeit von SVENSON-Hairweaving ist billiger als Sie denken. Was Sie aber dadurch gewinnen ist unbezahlbar.

CITY Haar-Center

Nebulöse Geldgeschäfte, aber Osswald fliegt zur Parade

Neu!

Jetzt gibt's auch die Kleine von Keller-Geister.

Am 16.9.1976 schaffte es das Erdbeben auf Seite 1 der BILD-Zeitung

Erdstöße in Norditalien die Ursache. Die BILD-Zeitung titelte »Hochhäuser schwankten« und im SPIEGEL erklärte ein Seismologe, dass sich von Italien sogenannte Oberflächenwellen ausgebreitet und dadurch in Deutschland einige Objekte, vor allem Hochhäuser, in Resonanzschwingungen versetzt hätten.

Kurz nach den Erdstößen war Andreas verschwunden von der Fischerinsel, obwohl der Familienname noch am Klingelschild der Fischerinsel eins stand. Ab 1976 öffnete niemand, wenn man klingelte.

»Mein Vater ist damals wieder zurück nach Vietnam gegangen, als Aufbauhelfer«, erklärt er mir. »Dieses Mal gemeinsam mit meiner Mutter. Meine kleine Schwester haben sie auch mitgenommen, die ist ja sechs Jahre jünger. Ich allerdings war schon zu alt für die DDR-Botschaftsschule im Ausland.« Ich weiß, erwidere ich, und erzähle von Donald, dessen Mutter sich kategorisch geweigert hatte, ins Ausland zu gehen und die Kinder für diese Zeit ins Internat zu schicken. »Donald und ich wären dann in eine Klasse gegangen«, sagt mein Gastgeber, eher leise und zu sich selbst. Andreas jedenfalls kam aufs Internat für Diplomatenkinder in Königs Wusterhausen. »Das war eine ziemlich abgeschottete Welt, in der eine straffe Hierarchie herrschte. Die Älteren hatten das Sagen gegenüber den Jüngeren und es zählte, ob dein Vater Botschafter oder vielleicht ›nur‹ als Wirtschaftsexperte im Ausland war«, beschreibt Andreas das Milieu im Internat. Dort in Königs Wusterhausen hat er die Schule beendet, wusste aber nicht, welchen Beruf er nun lernen sollte.

Bauingenieur, wie der Vater, dafür fehlte es ihm an Ehrgeiz und den entsprechenden Leistungen. Also entschied der Vater. »Der hat gesagt: Werde Koch! Mit dem Beruf kannst du immer was anfangen. Das habe ich dann auch gemacht und zog aus Königs Wusterhausen wieder in unsere Wohnung auf der Fischerinsel. Die hatte ich jetzt ganz alleine für mich. Irgendwann kamen dann meine Eltern und meine Schwester zurück aus Vietnam. Zur gleichen Zeit ungefähr musste ich zur Armee.« Nach dem Wehrdienst heuerte Andreas als Küchenchef in einem Seniorenheim an, hatte freie Kost und Logis und ein eigenes Appartement dort im Haus. Dann sprach ihn, als er mal wieder zu Besuch bei seinen Eltern auf der Fischerinsel war, der Abschnittsbevollmächtigte an, der ABV. An diesem Tag sollte sich sein Leben entscheidend ändern.

Andreas fragt mich, ob ich mich an den ABV von der Fischerinsel erinnern kann? Natürlich kann ich. Ich erzähle ihm von der Reportage, die in der Illustrierten NBI erschienen war und dass mir der Mann angenehm in Erinnerung ist, dass er keiner von diesen Bullen war, bei denen man lieber schon von weitem die Straßenseite wechselte. Andreas und der ABV kamen an jenem Tag vor der Fischerinsel eins ins Gespräch. Der Volkspolizist wollte wissen, wieviel Andreas als Küchenchef im Altersheim verdient? 700 Mark lautete die Antwort. »Bei uns könntest du fast das Doppelte verdienen«, gab der Abschnittsbevollmächtigte zu bedenken. »Geh doch zur Volkspolizei«, schlug er vor. Andreas ging, das heißt zunächst ein Jahr lang, auf die Polizeischule in Potsdam, lernte das Handwerk des Schutzpolizisten und seine künftige Frau kennen. Carmen studierte am Potsdamer Institut für Lehrerbildung.

Nach der Polizeischule landete Andreas im Polizeirevier 12 in der Inselstraße und der ABV hatte recht behalten. Andreas verdiente nun 1.200 Mark im Monat, tatsächlich fast doppelt so viel wie vorher als Koch. Er ging jetzt Streife auf der Fischerinsel, die wie das südlich angrenzende Heinrich-Heine-Viertel zum Bereich des Reviers gehörte.

Wie war es als Polizist auf der Fischerinsel? Wie kriminell ging es zu bei uns, was waren die schwersten Fälle? Die Antwort fällt ernüchternd aus. Es sei die ruhigste Gegend gewesen, die er als Polizist je erlebt habe. Es sei kaum etwas passiert. Allerdings hat er auf der Fischerinsel seine erste Leiche im Polizeidienst gesehen. »Da hatte sich jemand mit einem Jagdgewehr erschossen. Das war in einer Ein-Raum-Wohnung in der Fischerinsel neun und alles voller Blut und Gehirnfetzen. Der sich da umgebracht hatte, hieß es, sei wohl einer aus dem Zentralkomitee der Partei gewesen.« Aber da will sich Andreas nicht festlegen. Das ist ja auch schon sehr lange her.

Eindeutiger ist die Faktenlage bei einem anderen Todesfall auf der Fischerinsel, dem Mord im Jahr 2008. In den Boulevardzeitungen hieß das Verbrechen schlicht »Fischerinsel-Mord«. Ein Immobilien-Manager von zweifelhaftem Ruf war am 3. November 2008 am Uferweg neben der Fischerinsel sechs mit zwei Kugeln in den Rücken und einer in den Kopf geradezu hingerichtet worden. Ein Auftragsmord, wie das Gericht später feststellte und zwei Berliner Bauun-

Streife

Ein Beitrag zum Tag der Volkspolizei von Karl Rezac (Text) und Helgard Behrendt (Bild)

Heinz Gruse, ABV und Leutnant der Volkspolizei.

Sein Abschnittsbereich: die Fischerinsel in der Berliner Innenstadt.

Der ABV von der Fischerinsel, Heinz Gruse, in der »NBI«, 1973

ternehmer sowie den Auftragsmörder zu langen Haftstrafen verurteilte.

Aber zurück zu Andreas und seiner Polizei-Karriere. Ende der achtziger Jahre wechselte er zur Verkehrspolizei und wurde kurze Zeit später degradiert. Was war geschehen? Andreas, im langen weißen Verkehrspolizisten-Mantel, hatte sich am Alexanderplatz interessiert einen parkenden Mercedes angesehen. »Es war ein Modell, das gerade erst neu auf den Markt gekommen war«, erinnert er sich. »Das Auto hatte ein Westberliner Kennzeichen und der Fahrer den Wagen offenbar gerade erst geparkt. Im Weggehen bemerkte er wohl, dass ich mir das Fahrzeug genauer anschaute. Vermutlich hat er in dem Moment einen Schreck gekriegt«, lacht Andreas. »Wenn sich ein DDR-Verkehrspolizist den Wagen genauer anguckt, habe ich vielleicht was falsch gemacht«, hat der Mann sich womöglich gedacht.

Andreas könnte mit seiner Vermutung recht haben. Kein Westler wollte gerne Ärger mit der »VoPo« haben. Das Kürzel stand für Volkspolizei, war eine Wortschöpfung aus den frühen Jahren des Kalten Krieges und natürlich abschätzig gemeint. Interessanterweise wurde die Bezeichnung ausschließlich im Westen benutzt. Im sprachlichen DDR-Alltag hieß es wahlweise Polizei, VP oder die Bullen, aber zu keiner Zeit »VoPo«. Andreas jedenfalls konnte den verängstigten Mercedes-Fahrer schnell beruhigen. Er sei fasziniert von dem Wagen, erklärte er, der Ost-Verkehrspolizist, dem verblüfften Westler, der sofort anbot, sich den Wagen mal genauer anzusehen.

»Weil der gesamte Alexanderplatz von Kameras überwacht wurde«, grinst Andreas, »haben die das Ganze drüben in der Videozentrale im Polizeipräsidium an der Keibelstraße live mitverfolgt und mich am nächsten Tag zum Gespräch einbestellt und – degradiert. Dass ich mir diesen Mercedes hatte zeigen lassen, werteten die Vorgesetzten als verbotene Kontaktaufnahme zum Klassenfeind. Sich dann obendrein noch derart staunend und bewundernd zu verhalten im Angesicht dieses kapitalistischen Autos, sei eines Volkspolizisten unwürdig, hieß es. Aber ich könnte die Scharte wieder auswetzen, wenn ich endlich in die SED eintreten würde, erklärte mir mein Chef ein paar Tage später. Bin ich aber nicht, also in die Partei gegangen, bis zum Schluss nicht«, beteuert mein alter Mitschüler. Auch mit der Stasi hatte er nichts zu tun. Andererseits, das will er auch klarstellen, war er kein Widerstandskämpfer. Für seine Frau und ihn jedenfalls kam die Wende genau zum richtigen Moment. Weder er als Polizist, noch sie als Lehrerin hatten sich etwas zu Schulden kommen lassen, wie er es nennt. Ihre beiden Kinder waren noch im Vorschulalter. Sie konnten als Familie noch mal neu anfangen.

Andreas' Frau ist nun schon lange Grundschullehrerin in Tempelhof, also im ehemaligen Westberlin. Gleich nach der Wende verkauften sie ihren Trabi und legten sich ihr erstes West-Auto zu. »Einen Mercedes natürlich!«, jubelt Andreas und streckt dazu den Zeigefinger der rechten Hand triumphierend in die Luft. Seit 1990 fahren sie ausschließlich Mercedes und seither wohnen sie auch in der Leipziger Straße. »Zu DDR-Zeiten«, meint Andreas, »war das hier in der Leipziger ja ähnlich wie auf der Fischerinsel. Die meisten Leute waren Prominente, Professoren oder Funktionäre. Als Otto Normalverbraucher kriegtest du hier ja nur ganz schwer eine Wohnung.«

Er habe schon als Kind auf der Fischerinsel davon geträumt, mal in einem Hochhaus in der Leipziger Straße zu wohnen. »Weil in der Leipziger«, fand er, »war es einfach noch schicker, die Wohnungen großzügiger geschnitten, die Räume auch höher, als in üblichen Plattenbauten.«

In ihrer Wohnung hatte zuvor wohl der Intendant des DDR-Rundfunks gelebt, haben ihnen Nachbarn im Haus erzählt. Jedenfalls war die Wohnung zu haben und sie zogen ein, der Polizist und die Lehrerin mit ihren Kindern.

1990 begann dann sein zweites Polizistenleben. »Es war«, sagt Andreas, »meine schönste Zeit als Polizist.« Nun nicht mehr in Mitte, sondern auf einem Polizeiabschnitt in Marzahn, wo es längst nicht mehr so gemütlich zuging wie auf der Fischerinsel der achtziger Jahre. »Das war heftig«, erinnert er sich, »Autodiebstähle, Einbrüche in Kindergärten und Schulen, häusliche Gewalt und die Revierkämpfe der vietnamesischen Zigarettenmafia«. Der Polizeidienst damals blieb nicht ohne Folgen für ihn, auch körperlich. Mitte der neunziger Jahre berichtete eine Berliner Boulevardzeitung über Andreas und seinen geschundenen Körper. Mal hatte ein Fluchtauto seinen Streifenwagen gerammt, mal ein betrunkener Fahrer bei einer Verkehrskontrolle ihn über den Haufen gefahren und dann passierte schließlich noch die Sache mit der Axt. Er war mit Kollegen zu einem Streit zwischen Deutschen und Vietnamesen gerufen worden. Während Andreas zu vermitteln versuchte, ging einer der Vietnamesen plötzlich mit einer Axt auf ihn los. Geistesgegenwärtig drehte sich Andreas weg, die Axt traf ihn unterhalb der Achsel. Zum Glück trug er seine Dienst-Lederjacke. Schwer blutend brachten ihn die Kollegen in die Klinik.

Andreas in seiner neuen Rolle als Schauspieler und Schlagermoderator, 2020

Ausgerechnet ein Vietnamese. Vietnam scheint in dieser Familie eine schicksalshafte Rolle zu spielen. Ob Andreas schon mal selbst dort war, in Vietnam?

Zeit für Fernreisen hätte er jedenfalls genügend. Denn irgendwann konnte er nicht mehr. Mit Mitte fünfzig zog er die Uniform aus, wechselte in den Vorruhestand und kaufte sich ein Pferd. Mit seinem vierzehnjährigen Wallach reitet er dreimal in der Woche durch die Hügellandschaft der Märkischen Schweiz. Stolz zeigt er mir auf seinem Handy Fotos von sich im Sattel. Dann springt er auf und schleppt aus der Schrankwand einen Karton mit DVDs heran. Ob ich mal seine Auftritte als Schauspieler sehen möchte? Na klar möchte ich und sehe meinen einstigen Mitschüler kurz darauf in Statistenrollen in Vorabendserien im ERSTEN oder bei SAT.1. Mal spielt er einen Fotografen, mal einen Restaurantbesucher. Hatte ich nicht vorhin eine gewisse Ähnlichkeit mit Milan Peschel festgestellt? Jetzt ist Andreas tatsächlich Schauspieler, ein spätberufener sozusagen.

Ich berichte ihm, dass ich auf einen Namensvetter gestoßen bin, der bei einem Internet-Radiosender eine Schlagersendung moderiert. »Das ist kein Namensvetter, das bin ich selbst! Ich moderiere da regelmäßig eine zweistündige Sendung. Ich hatte mal eine Annonce entdeckt, in der ein Internet-Sender Leute suchte. Da habe ich dann angefangen. Ich spiele nicht nur Musik, sondern zeichne auch immer Telefongespräche auf, die ich dann häppchenweise einspiele in meine Sendungen, mit Musikern zum Beispiel. Jürgen Drews hatte ich schon und Udo Lindenberg.«

Dann zeigt er mir – schließlich arbeite ich ja beim »richtigen« Radio – sein Studio im Arbeitszimmer. Mischpult, Profimikrofon, zwei Monitore. Es ist ein absolut sendefähiges Studio und auf einem der beiden Bildschirme gerade der Musikablaufplan für die nächste Ausgabe geöffnet. Andreas wird unter anderem 2raumwohnung, Neneh Cherry und Right Said Fred spielen.

Als Sechzehnjähriger wusste Andreas nicht, was er mal werden will. Er ist vieles geworden und glücklich, scheint mir. Warst du denn inzwischen mal selbst in Vietnam, frage ich zum Abschied. Nein, er war noch nie dort. Aber das möchte er mit seiner Frau unbedingt noch nachholen. Es soll dort in Hanoi eine Gedenktafel für seinen Vater geben, der so viele Krankenhäuser in Vietnam gebaut hat.

Kerstin

»In Vietnam?« Ja, da war sie auch schon mal. Allerdings nur für einen Tag. Aber immerhin.

Gut möglich, dass Kerstin mehr von der Welt gesehen hat, als die meisten anderen Kinder von der Fischerinsel. Schließlich hatte sie einige Jahre Vorsprung, was Reisefreiheit angeht. Mit zwanzig Jahren ist sie nach Westberlin geflüchtet, direkt von der Fischerinsel. Das war 1981.

Ihre Sehnsucht nach der Welt könnte etwas mit der dreizehnten Etage in der Fischerinsel sechs zu tun haben. Dort hat sie gewohnt, mit ihrer Mutter, dem Stiefvater und den Geschwistern. Diese dreizehnte Etage war in den siebziger Jahren vielleicht die internationalste auf der gesamten Fischerinsel. Das ist jedenfalls mein Eindruck, als mir Kerstin aus ihrer Kindheit erzählt. Wir sitzen bei ihr am Küchentisch, nebenan arbeitet ihr Mann am Computer, gelegentlich schaut Hündchen Molly vorbei, um neugierig an meinen Hosenbeinen zu schnuppern. Kerstin und ihr Mann wohnen in einem Neubau in Berlin-Kreuzberg, die Straßen hier im Viertel heißen nach Städten in Sachsen-Anhalt. Es ist nicht weit von hier zum Potsdamer Platz und zur Fischerinsel sind es gerade mal fünf Stationen mit der U-Bahn.

Dass es eine ausgesprochen internationale Etage bei uns in der Fischerinsel sechs gegeben hat, höre ich gerade zum allerersten Mal. Aber Kerstin bestätigt noch mal: »Es war echt international. Wir hatten zum Beispiel das ägyptische Diplomatenpaar Fuad und Aida. Die hatten zwei Kinder. Die Ägypter und unsere Familie waren befreundet. Dann gab es Nachbarn aus dem Libanon. Die hatten sogar fünf Kinder. Bei den arabischen Familien wurde jeden Tag wunderbar gekocht. Es duftete nach Koriander, Kardamom, nach Muskat oder Zimt. Safran kam auch oft an die Speisen. Bei der ägyptischen Familie stand oft eine köstliche grüne Suppe auf dem Tisch. Ich glaube, diese exotische Welt in unserer direkten Nachbarschaft auf der Fischerinsel hat damals bei mir starke Sehnsüchte geweckt. Abgesehen davon war da auch noch das polnische Diplomatenpärchen, bei dem ausgelassene Partys stattfanden, wo bis in die Nacht getanzt und gesoffen wurde. Und es gab Nachbarn von der Palästinensischen Befreiungsorganisation PLO. 1973 beim großen internationalen Jugendfestival in Ostberlin, haben die Palästinenser mich sogar mitgenommen zu Yasser Arafat. Der PLO-Chef war Ehrengast der Weltfestspiele und an jenem Tag bei einer Veranstaltung im Deutschen Theater und ich durfte mit ein paar anderen zu ihm in die Ehrenloge. Der saß da mit seinem Dreitagebart und dem Palästinensertuch auf dem Kopf. Das fand ich sehr aufregend.«

Sonderbar, denke ich, dass ich mich an so viel Internationalität nicht erinnern kann. Schließlich wohnten wir Ulrichs auch in der Nummer sechs, und zwar ganz unten, weshalb wir meist den Seiteneingang zum Treppenhaus benutzten und seltener das Hauptfoyer, das zu den Fahrstühlen führte.

Vielleicht habe ich die Diplomaten deshalb damals nicht so richtig zur Kenntnis genommen.

Eines Tages schlug Fuad, der Ägypter, Kerstin vor, am nächsten Tag doch einfach mal mit nach Westberlin zu kommen. Mit dem Diplomatenauto wäre das überhaupt kein Problem. Abends wären sie dann wieder zurück. Diplomatenfahrzeuge dürften von den DDR-Grenzbeamten nicht kontrolliert werden. Kerstin könne also nichts passieren. »Warum eigentlich nicht«, fand die damals Dreizehnjährige. Nur ihre Mutter war nicht begeistert und strikt dagegen. Nicht nur, dass die Mutter Angst hatte, die Sache könne vielleicht doch nicht so rund laufen. Sie seien damals noch eine ausgesprochen systemkonforme Familie gewesen. Der Stiefvater arbeitete bei der Staatsbank, die Mutter beim Gewerkschaftsbund. Doch allmählich ließ die Begeisterung für den real existierenden Sozialismus nach. Der Stiefvater bekam berufliche Scherereien, weil er aus der Partei austrat. Die Mutter war aus gesundheitlichen Gründen inzwischen Frührentnerin und durfte nun Privatreisen in den Westen unternehmen. »Da hat sie dann festgestellt, dass es drüben überhaupt nicht so grau, trist und bedrohlich aussah, wie immer behauptet wurde. Was sie dort sah, hat ihre Begeisterung für die DDR ziemlich gedämpft«, meint Kerstin und dass sie selbst genervt war von diesem ewigen Zwiespalt, wie sie es nennt. »Einerseits überall im Land diese Unzulänglichkeiten zu sehen und andererseits in der Schule diese lobenden Sprüche auf den Sozialismus ablassen zu müssen.«

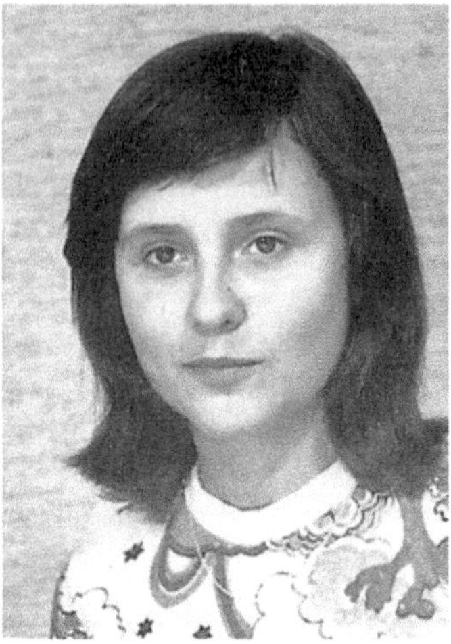

Kerstin in den siebziger Jahren

Wie etliche Kinder von der Fischerinsel hat Kerstin an der II. Erweiterten Oberschule am Hausvogteiplatz ihr Abitur gemacht. Ihr fällt der Mitschüler ein, der gefeuert wurde, nachdem er irgendeinen, wie sie sich erinnert, »schwerblütigen und melancholischen Text an der Schulwandzeitung veröffentlicht hatte. Nichts, wofür man jemanden von einer Schule schmeißen müsste. Normalerweise.« Jedenfalls traf sie den Geschassten ein Jahr später zufällig auf der Straße wieder. Der hatte inzwischen schlohweiße Haare.

Im Sommer nach dem Abi fuhr sie an den Plattensee nach Ungarn und verliebte sich in Otto. Der kam aus Düsseldorf und nun regelmäßig zu Besuch nach Ostberlin. Die beiden verlobten sich und schmiedeten Fluchtpläne. Gemeinsam wollten sie über den ungarisch-jugoslawischen Grenzfluss

Drau schwimmen. Von Jugoslawien würden sie über Österreich in die Bundesrepublik reisen können.

In der Schwimmhalle auf der Fischerinsel begann Kerstin mit den Fluchtvorbereitungen. Mehrmals wöchentlich pflügte sie durch das Fünfundzwanzig-Meter-Becken. Der Bademeister nickte ihr jedes Mal freundlich zu. Irgendwann allerdings meinte sie in seinem Gesicht Misstrauen zu erkennen. Für Gefahren habe sie ausgeprägte Antennen. Deshalb trainierte sie fortan nicht mehr nur auf der Fischerinsel, sondern auch in anderen Schwimmhallen. Gesprochen hat sie mit niemandem über ihre Fluchtpläne. Tatsächlich gab es zu der Zeit bereits Stasi-Berichte über sie. Das hat sie herausgefunden, als sie vor ein paar Jahren ihre Akte gelesen hat. Zwei Informanten hatten zu jener Zeit über sie berichtet. Der eine monierte, dass sich die damals Siebzehnjährige nicht an den regelmäßigen Arbeitseinsätzen der Hausbewohner in den umliegenden Grünanlagen beteilige. Der andere Zuträger informierte darüber, dass die »Zielperson« auffallend gut aussehe. War gutes Aussehen in den Augen der Geheimdienstler verdächtig? Wie auch immer, wo die Stasi Recht hatte, hatte sie Recht. Kerstin sieht noch immer toll aus, mit ihrem dunklen schulterlangen Haaren, ihrem dunklen Teint und ihren fröhlich-aufmerksamen Augen.

Ob sie weiß, wer diese Berichte seinerzeit verfasst hat? »Nein, denn die Namen waren ja geschwärzt in der Akte. Aber dass der Stasi Informanten gehabt haben muss im Haus, das war ja klar, schon wegen der vielen Ausländer, die da wohnten, um die zu überwachen.«

Kerstin hat »der« Stasi gesagt. Heißt es eigentlich der Stasi oder die Stasi? Wie lautet eigentlich der richtige Artikel? Ostdeutsche sagen zumeist »die«. Schließlich ist Stasi die Abkürzung für die Staatssicherheit, und die ist nun mal weiblich. In der Realität war der Staatssicherheitsdienst alles andere als weiblich. Im Gegenteil. Unter den oberen zweitausend Offizieren gab es, wie die Gehaltslisten des MfS aus dem Jahr 1989 belegen, gerade mal 48 Frauen. Nur 2,4 Prozent des Stasi-Führungskorps waren weiblich. Da passt »der« Stasi eigentlich wirklich besser. Auch die meisten anderen Geheimdienste sind schließlich männlich, der CIA, der KGB, der Mossad, der MI6, der BND. Obwohl es vielleicht eigentlich »das« Stasi heißen müsste, als Abkürzung für das Ministerium für Staatssicherheit.

Aber egal ob der, die oder das, der Plan mit Otto nach Jugoslawien zu schwimmen, zerschlug sich irgendwann, was vor allem daran lag, dass sich die Liebe der beiden abgekühlt hatte. Kerstin arbeitete inzwischen in der Vertriebsabteilung einer großen Berliner Fabrik und als sie im nächsten Sommer wieder nach Ungarn fuhr, flüsterte sie ihrer Mutter zum Abschied zu: »Vielleicht komme ich nicht mehr zurück.« Die Mutter flehte sie an, hatte Angst um ihr Kind. Die ungarischen Grenzposten würden bei einem Fluchtversuch auf sie schießen, warnte sie.

Mit ihrer geflüsterten Ankündigung, vielleicht nicht mehr zurückzukommen, gab Kerstin damals den entscheidenden Anstoß zur großen Familienflucht. Jetzt kam Kerstins Onkel ins Spiel. Der war Chauffeur des algerischen Botschafters in der DDR und fuhr die Kinder des Diplomaten jeden Morgen zur französischen Schule nach Westberlin und nachmittags wieder zurück zur Residenz in Pankow. Mit Hilfe des Onkels und der Botschafter-Limousine wollten sie fliehen. So war der Plan. Die Flucht im Diplomatenauto galt als eine der elegantesten Varianten, um unbemerkt von Ost nach West zu gelangen. Die Fahrzeuge der ausländischen Vertretungen, zu erkennen an ihren roten Nummernschildern und dem Aufkleber CD, was für »Corps diplomatique« stand, durften von den DDR-Grenzern nicht kontrolliert werden.

Weitaus beschwerlicher als die Flucht im Diplomatenauto war der Weg durch einen Tunnel. In der ersten Zeit nach dem Mauerbau führten solche unterirdischen Fluchtrouten noch durch die städtische Kanalisation, später wurden von West nach Ost eigens Tunnel gegraben. An einige dieser Tunnel erinnert das Mauermuseum an der Bernauer Straße. Die erste spektakuläre Tunnelflucht ereignete sich allerdings nicht an der Bernauer Straße, sondern unweit des Fischerkiezes, durch die Kanalisation unter der Alten Jakobstraße. Nach Angaben der Fluchthelfer schafften es zwischen September und Oktober 1961 fast fünfhundert Menschen durch die nicht mal anderthalb Meter hohe Röhre in den Westen. In der Neuen Grünstraße ging es durch einen geöffneten Gullyschacht nach unten und von dort kriechend im Wasser 550 Meter bis zum Ausstieg in Kreuzberg. Direkt unter der Grenze mussten sich die Flüchtenden außerdem durch ein von den Fluchthelfern durchgesägtes Gitter zwängen. Schon einige Zeit später war die Flucht durch die Kanalisation nicht mehr möglich. Die DDR hatte in den unterirdischen Abwasserkanälen unüberwindbare Sperren installiert.

Was noch blieb, war der Luftweg. In meiner Fantasie als Kind war ich auf unserem Dachgarten manches Mal mit selbstgebauten Schwingen oder an einem Ballon rüber geflogen nach Kreuzberg. Es waren ja nur fünfhundert Meter Luftlinie. Anderswo an der deutsch-deutschen Grenze hatte es tatsächlich eine gelungene Ballonflucht gegeben. Gelegentlich war wohl auch ein Agrarflieger, statt Düngemittel auf den volkseigenen Äckern zu verteilen, auf dem nächstgelegenen westdeutschen Kleinflughafen gelandet. Nur dort, wo es im wahrsten Sinne naheliegend gewesen wäre, gab es keine Flucht am Himmel.

Aber es gab den Plan einer Ballonflucht von der Fischerinsel in den Westen. Die spektakuläre Aktion sollte am 17. Juni 1982 vom Dach der Fischerinsel neun starten. Reporter von der BILD-Zeitung und vom ZDF waren eingeweiht und wollten den Flug in die Freiheit exklusiv dokumentieren. Das Datum 17. Juni war mit Bedacht gewählt. Es war der Jahrestag des DDR-Volksaufstandes von 1953. Der da durch die Luft in den Westen fliegen sollte, war ein damals einunddreißigjähriger Ex-Stasi-Offizier, der wegen Vergewaltigung in Bautzen gesessen hatte. An vierzig mit Spezialgas gefüllten Ballons sollte der Mann von Osten nach Westen fliegen. Die Idee und der Plan stammten von der Internationalen Gesellschaft für Menschenrechte. Die stramm antikommunistische Organisation, der Kontakte ins rechtsextremistische Milieu nachgesagt wurden, war selbst im Westen sehr umstritten.

Der Ballon-Plan scheiterte. Denn der DDR-Geheimdienst hatte Wind von der Sache bekommen und so wurde jener Ex-Stasi-Offizier bereits ein Jahr vor dem geplanten Coup verhaftet, gerade in dem Moment, als ihm ein aus Westberlin angereister Kurier in der Nähe vom Alexanderplatz ein Paket mit dreißig Spezialballons übergeben wollte. Die Ballons hätten, mit Azetylen gefüllt, jeweils einen Durchmesser von zwei Metern erreicht. Von Karabinerhaken zusammengehalten, sollten sie ein sicheres Fluggerät ergeben. Ob das Ganze tatsächlich funktioniert hätte, ist nicht klar. Die Stasi jedenfalls hatte ihre Zweifel. Die Technische Untersuchungsstelle des MfS befand in einem internen Abschlussbericht vom September 1982, ein solches Unternehmen sei nur realisierbar, »wenn anstelle des vorgesehenen Gases Azetylen ein technisches Gas mit höherer Tragfähigkeit Verwendung findet«. Sollten die Technikexperten damals Recht gehabt haben, hätte die Ballonflucht unter Umständen mit einem Absturz geendet.

Ich erzähle Kerstin die Geschichte. Und dass der Typ, der mit dem Ballon am 17. Juni 1982 fliehen sollte, schon im Mai 1981 aufgeflogen und verhaftet worden war. Meine Gastgeberin zieht ihre rechte Augenbraue hoch und lacht kurz auf. Ich frage sie, warum sie lacht? »Weil meine Flucht zeitlich genau dazwischen lag. Es war der 21. Oktober 1981.

Ein Mittwoch. Am Wochenende davor habe ich noch wild gefeiert im HdjT, dem Haus der jungen Talente am U-Bahnhof Klosterstraße. Da habe ich mein letztes Ostgeld mit vollen Händen ausgegeben. Sekt spendiert. Nur leider konnte ich den anderen nicht sagen, dass das meine Abschiedsparty von der DDR ist.«

Wie war das Gefühl in den letzten Tagen vor der geplanten Flucht, Abschiedsschmerz, Aufregung, Angst? Angst hatte sie nicht. Dass sie im berüchtigten Frauenknast in Hoheneck landen würde, wenn die Flucht misslingt, habe sie ausgeblendet damals, verdrängt. Aber Abschiedsgefühle hat sie natürlich gehabt. Das war ja schließlich ihr zu Hause hier. In Ostberlin und gerade auf der Fischerinsel haben doch ihre Freunde gelebt. Im Ahornblatt war sie als Dreizehnjährige zum ersten Mal bei einer Disco und später dann noch viele Male.

Am 21. Oktober wurde sie dann doch ein bisschen nervös, schaute immer wieder auf die Uhr. Es war alles auf die Minute genau geplant. Die Flucht startete auf der Fischerinsel. Auf die Sekunde pünktlich verließen Kerstin und ihr jüngerer Bruder das Haus, unser Haus, die Fischerinsel sechs. In normalem Tempo und ganz ohne verräterisches Gepäck, überquerten die beiden die Roßstraßenbrücke und liefen weiter die Annenstraße entlang. Links ging noch ein letzter Blick in Richtung unserer Schule, der 15. POS. Dann hielt – wie geplant, aber wie zufällig aussehend – der Mercedes des algerischen Botschafters neben ihnen. Unaufgeregt kletterten Kerstin und ihr Bruder in den Fond der Limousine. Zum nächstgelegenen Grenzübergang in der Heinrich-Heine-Straße waren es nur noch drei Fahrtminuten. Doch statt nach Westen lenkte der Onkel das Botschafterauto nach Osten. »Bis nach Köpenick sind wir gefahren«, erinnert sich Kerstin, »in ein Waldstück in der Nähe des Fußballstadions vom 1. FC Union. Den Ort hatte mein Onkel schon vorher ausgekundschaftet.« Hier waren sie unbeobachtet. Kerstin und ihr Bruder wechselten jetzt von der Rückbank in den Kofferraum. Jeden einzelnen Moment von damals hat sie noch heute vor Augen. »Wir lagen da mucksmäuschenstill. Ich hatte Schiss, dass mein kleiner Bruder vielleicht plötzlich durchdreht. Es war ausgemacht, dass mein Onkel, sobald wir drüben sind, das Autoradio anschaltet. Jedenfalls sind wir aus Köpenick zurück in die Stadt gefahren und an der Invalidenstraße rüber.«

An der Invalidenstraße, genau wie Annette, die über den gleichen Übergang 1977 offiziell ausgereist war und seinerzeit diese Katze beobachtet hatte, die unbehelligt über die Grenze spaziert war. Nach einer gefühlten Ewigkeit hatte der Onkel das Radio im Auto angeschaltet. Das Signal. Sie waren im Westen. Nur leider nicht mit der ganzen Familie. Zwar hatte der Onkel am Vormittag bereits seine eigene Tochter und seinen Bruder im Kofferraum rüber geschleust. Auch Kerstins Mutter, die als Invalidenrentnerin ohnehin reisen durfte, setzte sich an jenem Tag endgültig ab aus der DDR. Und deine beiden anderen Geschwister, dein Stiefvater und die Frau deines Onkels, warum sind die nicht auch geflohen an dem Tag?

»Der Onkel hatte wohl einfach Angst«, glaubt Kerstin. »Zu viele Touren an einem Tag hätten den Grenzern verdächtig vorkommen können. Außerdem hatten die Erwachsenen wohl auf schnelle Familienzusammenführung gehofft.«

Das mit der Zusammenführung dauerte dann doch länger. Der Stiefvater landete, weil er von der geplanten Flucht gewusst hatte, für vier Jahre im Gefängnis, bis er von der Bundesrepublik freigekauft wurde.

Ein paar Monate nach ihrer Flucht hatte die inzwischen Zwanzigjährige ihre erste eigene Wohnung: Anderthalb Zimmer im Neuen Kreuzberger Zentrum, einem Plattenbau am Kottbusser Tor. Sie liebte ihre neue Umgebung auf Anhieb. Die Gegend am »Kotti« sei schon damals auf eine spezielle Art sehr weltläufig gewesen: »Das war der härteste Ort in Westberlin. Hausbesetzer, Drogen, Alkis und natürlich die Türken. Du konntest in den Cafes in Kreuzberg bis in den späten Nachmittag hinein frühstücken oder nachts bis drei Uhr durch die Kneipen ziehen.«

Sie hat dann eine kaufmännische Ausbildung gemacht und wenn sie an der Grenze zu Ostberlin vorbeikam, oft gedacht: Wie gut, dass ich auf der richtigen Seite der Mauer bin.

Später ist sie noch ein paar Mal umgezogen, und dabei immer in Kreuzberg geblieben. Als sie mir die Adressen nennt, bin ich verblüfft. Vom Kottbusser Tor zog sie in die Alte Jakobstraße, anschließend in die Ritterstraße, seit ein paar Jahren lebt sie mit ihrem Mann ein Stück weiter westlich, immer noch in Kreuzberg. Wenn man auf dem Stadtplan die vier Orte, an denen sie seit ihrer Flucht 1981 gewohnt hat, miteinander verbindet, ergibt das Ganze eine Linie. Schnurgerade und immer haarscharf entlang der Grenze zu Berlin-Mitte, die Fischerinsel optisch immer in Sichtweite. Sie ist in den vierzig Jahren seit ihrer Flucht immer in der Nähe des alten Zuhauses geblieben, aber immer auf der anderen Seite der Mauer, die inzwischen schon seit über dreißig Jahren nicht mehr steht. Ein interessanter Fall von Nähe und Distanz, scheint mir. Unterdessen verabschiedet sich Kerstins Mann kurz von uns. Er müsse mal eben eine Runde mit Molly drehen.

Kerstin hat in ihrer Erzählung inzwischen die ehemalige Grenze überquert und ist zurück auf der Fischerinsel, genauer in der Schwimmhalle, in der sie einst für ihre Flucht trainierte. Da war sie später wieder ganz oft und zwar mit ihrem Sohn, der dort eine Zeit lang bei den jungen Rettungsschwimmern der DLRG mitgemacht hat. Dem misstrauischen Bademeister von einst ist Kerstin dort übrigens nicht wieder begegnet.

Ihr Sohn ist jetzt siebenundzwanzig. Schon als er ein kleiner Junge war, hatten sie bei ihm außergewöhnliche intellektuelle Fähigkeiten festgestellt, zugleich aber auch Probleme beim Bewältigen alltäglicher Dinge. Als er vierzehn war, diagnostizierte ein Jugendpsychologe bei dem Jungen das sogenannte »Asperger-Syndrom«. Ihr Mann und sie sind dann losgezogen, um sich schlau zu machen. »Einmal waren wir beim Gesprächsabend einer Erwachsenen-Selbsthilfegruppe. In der Vorstellungsrunde war schnell klar, dass das alles hochgebildete Leute mit akademischen Abschlüssen waren. Aber keiner von denen hatte einen Job. Offenbar war höchste Intelligenz in Verbindung mit Autismus ein zu anstrengender Mix für potentielle Arbeitgeber.«

Kerstin und ihr Mann fanden, dass man da etwas tun sollte und gründeten ein Unternehmen. Die Geschäftsidee war ebenso simpel wie genial. Sie holten sich hochbegabte, autistischen Menschen in ihr Unternehmen und vermittelten die dann zeitweise für Projekte und Spezialaufträge an Firmen. Vor allem die IT-Branche riss sich um die Experten des Berliner Startup-Unternehmens. Um die Betriebe auf ihre neuen, zeitweiligen Mitarbeiter vorzubereiten, gab es vorab einen Crashkurs zum Thema »Wie arbeite ich mit einem Autisten zusammen«. Die Geschäftsidee war ein Riesenerfolg, prämiert mit dem Deutschen Gründerpreis. Bald folgten Niederlassungen in München, Hamburg und Frankfurt am Main.

Dann plötzlich kam die Krebs-Diagnose. Das war kurz nachdem sie die Firma gegründet hatten. Es gab das »volle Programm«, Chemotherapie, Medikamente und ein Arzt an der Charité, der zu Kerstin meinte: »Sie haben höchstens noch anderthalb Jahre. Machen Sie sich jetzt am besten noch mal ein schönes Leben.«

Kerstin traf damals die zweite große Entscheidung in ihrem Leben. Dreißig Jahre nach der Flucht im Kofferraum brach sie noch einmal auf. Sie verabschiedete sich von der onkologischen Station und der Chemotherapie und flog nach Sri Lanka. Vier Wochen hat sie dort entgiftet, in jeder

Kerstin und Mann mit dem Deutschen Gründerpreis 2015

Beziehung, wie sie sagt, und dass ihr Zustand seither stabil ist. Die Zeit dort in Sri Lanka war auch eine Reise zurück zu den Düften und Gewürzen ihrer Kindheit, damals in der dreizehnten Etage der Fischerinsel, eine Reise zurück zu den Klängen der Musik und zur Herzlichkeit und Wärme von Fuad und Aida.

Inzwischen sind Kerstins Mann und Molly wieder zurück und mir fällt auf, dass wir noch gar nicht über Prominente auf der Fischerinsel gesprochen haben. »Ulrike Krumbiegel natürlich!«, kommt es wie aus der Pistole geschossen. »Damals war Ulrike noch nicht berühmt. Die ist ja mein Jahrgang. Aber sie hat mir damals immer schon gesagt: ›Ich werde mal Schauspielerin!‹ Also nicht etwa: ›Ich möchte mal‹ oder ›Ich würde so gern mal‹, sondern ›Ich werde!‹«

Barbara

Ulrike Krumbiegel muss lachen, als ich ihr die Geschichte am Telefon erzähle. Tatsächlich hat sie schon als Jugendliche an der Berliner Volksbühne gespielt. Längst ist sie eine von Deutschlands bekanntesten Filmschauspielerinnen. Aber sie hat nicht auf der Fischerinsel gewohnt, das gleich mal zur Klarstellung, sondern ein paar Straßen weiter südlich, im Heinrich-Heine-Viertel.

Dort, gleich neben unserer 15. Oberschule, gab es einen Sportplatz, der jeden Winter zur Spritzeisbahn umfunktioniert wurde. Da konnte man so wunderbar Schlittschuh laufen. Ob ich mich an die Eisbahn erinnern könne, fragt mich Ulrike Krumbiegel. Ja, das kann ich, wobei meine Erinnerungen ausgesprochen schmerzhaft sind. Wir Jungs spielten dort nachmittags gerne Eishockey, nicht mit Schlittschuhen, sondern in normalen Winterschuhen. Immerhin hatten wir uns in der Sportabteilung des CENTRUM-Warenhauses am Alexanderplatz richtige Eishockeyschläger besorgt. In Winterschuhen sah unser Spiel natürlich nicht sehr elegant aus. Trotzdem wollte jeder von uns einer der drei sowjetischen Super-Stürmer Scharlamow, Petrow oder Michailow sein. Auch die Rolle des kanadischen Eishockey-Stars Phil Esposito war begehrt. Ich hingegen wollte jedes Mal Wladimir Tretjak sein, damals der mit Abstand beste Eishockeytorhüter der Welt. Anders als Tretjak spielte ich allerdings ohne

Maske. Der Puck traf mich urplötzlich am Kinn, ich verlor kurz das Bewusstsein und beendete meine Eishockeykarriere auf der Stelle.

Fast, erzählt mir Ulrike Krumbiegel, ist sie 1989 dann doch auf die Fischerinsel gezogen. Die Wohnung allerdings, die sie damals besichtigt hat, war so runtergewohnt, dass sie sich schließlich woanders eine Bleibe suchte. Ob sie, bei den vielen Filmrollen, die sie gespielt hat, auch mal auf der Fischerinsel gedreht hat, frage ich sie. Nein, hat sie nie, da muss sie gar nicht lange überlegen. Aber sie hat zum Schluss noch einen Tipp. »Der tapfere Schulschwänzer«, sagt sie, »dieser Kinderfilm, der spielt doch zu großen Teilen im alten Fischerkiez.« Von dem Film habe ich schon mal gehört, gesehen habe ich die DEFA-Produktion von 1967 allerdings noch nie. Das hole ich ein paar Tage später nach und bin fasziniert von den Bildern und der Geschichte, die der Streifen liebevoll erzählt. Es ist die Story eines verträumten Viertklässlers, der sich einen Tag lang, anstatt die Schulbank zu drücken, durch das Ostberliner Stadtzentrum treiben lässt. Dabei wird der Schulschwänzer auf einen Wohnungsbrand aufmerksam und alarmiert die Feuerwehr. So wird er zum Lebensretter für zwei kleine Kinder. Der Brand spielt in einem alten Wohnhaus in der Friedrichsgracht, in der Nummer Fünfzehn, in dem Haus also, in dem früher Kartoffelhändler Dathe gewohnt hatte. Kulisse in »Der tapfere Schulschwänzer« sind die Straßenzüge und Häuser im Fischerkiez. Gedreht wurde kurze Zeit bevor es dort mit dem Abriss losging. Es sind wunder-

Szene aus dem DEFA-Film »Der tapfere Schulschwänzer« von 1967

bare authentische Bilder, die dieser Kinderfilm vom alten Fischerkiez zeigt. Kein Wunder, denn Regisseur Winfried Junge war eigentlich Dokumentarfilmer, der damals schon parallel an seiner Langzeitstudie »Die Kinder von Golzow« arbeitete.

Einige Jahre nach »Der tapfere Schulschwänzer« spielte der Fischerkiez noch mal eine große Kinorolle. Für das fünfteilige sowjetische Filmepos »Befreiung« wurden an der Friedrichsgracht Szenen aus den letzten Apriltagen 1945 gedreht. Ein paar Tage lang ratterten T34-Panzer die Friedrichsgracht entlang und Rotarmisten kämpften sich von Haus zu Haus.

Bernd hat mir erzählt, dass man sich als Schüler bei den Dreharbeiten etwas Taschengeld dazu verdienen konnte. Er habe abends nach Drehschluss immer mit einem Reisigbesen die Straße wieder sauber gefegt. Das wurde gut bezahlt, kann er sich erinnern.

Ein Kinderfilm auf der Fischerinsel und dazu ein Kriegsfilm und es hätte womöglich auch noch einen Charlie-Chaplin-Film gegeben. Der Schauspieler war 1931 für mehrere Tage auf Werbetour für seinen damals aktuellen Film in Berlin und soll begeistert gewesen sein vom mittelalterlichen Charme des alten Fischerkiezes. Hier wolle er unbedingt einen Film drehen, soll er gesagt haben. Das Timing war allerdings denkbar ungünstig. Bereits anderthalb Jahre nach Chaplins Besuch in Berlin waren die Nazis an der Macht, die in ihrem Hetzblatt »Der Stürmer« schon 1925 gekeift hatten: »Charlie Chaplin ist Jude. (…) Ein Mensch, der abnorm gestaltet, sich immer zigeunernd und stehlend durch das Leben schwindelt, ist für den Deutschen etwas unendlich Abstoßendes.« Abgesehen davon, dass er gar nicht jüdisch war, sah man Chaplin, statt in einem Fischerkiez-Film, einige Jahre später in der Hauptrolle als »Der große Diktator«.

Auch beim vorerst letzten Fischerinsel-Film war das Timing nicht ganz optimal. Andernfalls hätte sich Barbara Sommer wohl beide Kindheitsträume erfüllen können. Barbara gehört zu den »Kindern von der Fischerinsel«, obwohl sie nie in einem der Hochhäuser gewohnt hat, sondern in Marzahn aufgewachsen ist.

Genau wie Ulrike Krumbiegel wusste Barbara schon als Zehnjährige, dass sie Schauspielerin werden will und außerdem, dass sie später mal in Wien leben würde. Ob das nicht unrealistisch war, vor allem das mit Wien, frage ich sie. Ja, war es, aber sie eben auch total fasziniert von dem Wien, das montagsabends im Fernsehen in den alten UFA-Filmen zu sehen war.

»Aber natürlich«, gibt Barbara zu, »war die Donaumetropole für eine Jugendliche aus Marzahn in den achtziger Jahren weiter entfernt als der Mond.« Deshalb kümmerte sie sich zunächst erstmal um ihren anderen Lebenstraum, Schauspielerin zu werden. Sie durchforstete Zeitungen nach Anzeigen, in denen Darsteller gesucht wurden. Als Vierzehnjährige, das war 1988, hatte sie es bereits fast geschafft, landete bei einem Hauptrollen-Casting auf Platz zwei. Ein Jahr später war sie dann am Ziel. Hermann Zschoche, der renommierteste Jugendfilmregisseur des Landes, suchte eine Hauptdarstellerin für »Das Mädchen aus dem Fahrstuhl«. Der Film wurde zu großen Teilen auf der Fischerinsel gedreht. Der Fahrstuhl, der dem Streifen seinen Namen gab, war einer in unserem Haus, der Fischerinsel sechs. Es ist ein Coming of Age- und gesellschaftskritischer Film, diese Liebesgeschichte um Regine und Frank, eine Romanze ohne Happy End. Barbara Sommer spielte die Regine, ein Mädchen aus schwierigen sozialen Verhältnissen. Frank dagegen ist Sohn karrierebewusster Funktionärseltern. »Das Mädchen aus dem Fahrstuhl« ist eine Erzählung um gesellschaftliche Bevormundung und Aufrichtigkeit, um Oppor-

Barbara im DEFA-Film »Das Mädchen aus dem Fahrstuhl«, 1991

tunismus und Verrat. »Am 9. November 1989«, erinnert sich Barbara, »waren die entscheidenden Probeaufnahmen in den Babelsberger Studios. Wir waren mehrere Ostberliner Jugendliche. Mit einem Kleinbus hatten sie uns am Nachmittag nach Potsdam gefahren. Man musste damals ja noch den weiten Umweg um Westberlin nehmen. Die Probeaufnahmen haben dann so lange gedauert, dass wir erst kurz vor Mitternacht wieder zurückgefahren sind. Unterwegs meinte der Taxifahrer: ›Habt ihr schon gehört – die Mauer ist auf!‹ Zum Beweis hat er dann das Radio angemacht.«

Wichtiger als der Mauerfall war für Barbara eine andere Nachricht, die sie kurz nach dem 9. November bekam. Sie hatte die Hauptrolle! Drehbeginn war noch im Dezember 1989. Ich habe den Film erst dreißig Jahre später gesehen. Es gibt ihn auf DVD und in ganzer Länge auch auf YouTube. Die Fischerinsel sieht in »Das Mädchen aus dem Fahrstuhl« unglaublich trist aus, so wie sie wohl tatsächlich zu DDR-Zeiten aussah. »Das Schwierige war«, erinnert sich Barbara, »dass ja 1990 überall schon West-Sachen zu sehen waren, Autos, Reklametafeln und so. Auch auf der Fischerinsel. Das musste bei den Dreharbeiten natürlich sorgsam rausgehalten werden.« Anfang Januar 1991 kam »Das Mädchen aus dem Fahrstuhl« in die Kinos – und floppte. Niemand wollte damals differenzierte Abhandlungen über Alltag und Konflikte von Jugendlichen in der späten DDR sehen. Da half auch nicht, dass die Produktion auf der Berlinale lief. Der Film ging unter.

Das Timing stimmte einfach nicht. »Wenn der Film zwei Jahre früher in die Kinos gekommen wäre, also noch zu DDR-Zeiten«, ist Barbara überzeugt, »wäre das Ganze ein Riesen-Aufreger gewesen«, und sie hätte anschließend ganz sicher weitere Rollenangebote bekommen. Noch heute fragt sie sich, ob es nicht trotzdem hätte weitergehen können mit ihrer Filmkarriere. Sie spricht oft mit Gleichaltrigen darüber, die auch im Osten aufgewachsen sind. Sie reden dann darüber, warum manche nach der Wende entschlossen alle Chancen nutzten und wieder andere zögerten und zauderten? Sie selbst war zu verunsichert, weiß sie heute. »Und die Elterngeneration war nach 1989 viel zu sehr mit sich selbst beschäftigt, als dass sie für uns Jugendliche eine Stütze war.« Statt entschlossen ihre Filmkarriere weiterzuverfolgen, hat sie, wie sie es nennt, »sicherheitshalber erstmal Abitur gemacht« und dann ein paar Semester Kultur- und Theaterwissenschaften studiert, weil sie hoffte, so noch irgendwie die Verbindung zur Schauspielerei halten zu können.

So richtig abgeschminkt hat sich Barbara die Schauspielerei auch später nicht. Noch während ihres anschließenden Medizinstudiums hat sie viel Theater gespielt und sogar ein Gastsemester an der Schauspielschule »Ernst Busch« absolviert, wo sie unter anderem mit Nina Hoss und Lars Eidinger bei einer Studio-Theateraufführung spielte. Regie führte Angelica Domröse.

Schauspielerin werden und in Wien leben, das waren Barbaras Kindheitswünsche. Den Traum vom Leben in der österreichischen Hauptstadt hat sie sich erfüllt. Seit fast zwanzig Jahren wohnt sie in der Donau-Metropole. Die ausgebildete Ärztin arbeitet dort an der Medizinischen Universität.

Die Schauspielerei lässt sie aber noch immer nicht los. Vor ein paar Jahren hat sie an ihrer Uni ein sogenanntes »Schauspiel-PatientInnenprogramm« initiiert. In dem Programm wird für angehende Mediziner die Sprechstundensituation simuliert. Die Rolle des Patienten übernehmen echte Schauspieler. Die künftigen Ärzte lernen in diesen Simulationen mit den Emotionen und Fragen von Patienten umzugehen, das heißt, vor allem zuzuhören. Wissenschaft und Medizin sind begeistert vom »Schauspiel-PatientInnenprogramm«. Barbara bekam für das Projekt den österreichischen Kommunikationspreis.

Barbara in Wien, 2020

Und ihre eigenen Schauspielambitionen? Wenn jetzt noch mal ein Regisseur käme? »Dann wäre ich dabei!«, sagt sie und meint es auch genauso. Damals, nach der Hauptrolle in »Das Mädchen aus dem Fahrstuhl«, hat sie die Chance verpasst, eine große Karriere hintendran zu hängen. Warum aber sollte es nicht jetzt noch klappen?

Barbara hat eine Profilseite bei einem dieser digitalen Karriere-Netzwerke. Man kann dort Sachen nachlesen über ihre medizinischen Qualifikationen. Und es gibt einen Link zum Filmtrailer von »Das Mädchen aus dem Fahrstuhl«. Der Clip von 1991 ist drei Minuten lang. Es ist viel Fischerinsel darin zu sehen und vielleicht klickt ja tatsächlich noch mal eine Produzentin oder ein Produzent diesen kurzen YouTube-Film an.

Auf der Fischerinsel war sie zuletzt im Februar 2019, als Hermann Zschoche auf der Berlinale für sein Lebenswerk als Regisseur geehrt wurde. Im Berlinale-Kino lief aus diesem Anlass »Das Mädchen aus dem Fahrstuhl«. Barbara war am Nachmittag vor der Aufführung noch mal über die Fischerinsel geschlendert.

Beim nächsten Berlin-Trip will sie wieder hinfahren an den damaligen Drehort, dann mit ihrem Sohn, der in Wien jetzt in die zweite Klasse geht. Dann wird sie sagen: Hier auf der Fischerinsel habe ich die Hauptrolle gespielt.

Jörg

Er war der Erste von uns auf der Fischerinsel. Vielleicht ist das ja der Grund dafür, dass er nie wirklich losgekommen ist von dem Viertel, immer wieder zurückgekehrt ist, bis heute.

»Wir waren tatsächlich die erste Familie im allerersten Hochhaus. Fischerinsel zwei. Das Haus mit den gelben Schmuckelementen an den Fenstern, direkt am Park, zur Mühlendammschleuse hin. Im Herbst 1969 sind wir eingezogen. Insofern bin ich tatsächlich die Nummer eins der Kinder von der Fischerinsel. Donnerwetter. So habe ich das noch nie gesehen«, staunt mein alter Klassenkamerad Jörg.

Für unser Treffen hat er ein asiatisches Restaurant in der Neuen Grünstraße vorgeschlagen. Er wohnt gleich ein paar Häuser weiter. Zur Fischerinsel zwei ist es von hier aus nur ein Fußweg von fünf Minuten. Niemand von uns ist später wieder so nahe an die Fischerinsel gezogen. Und niemand ist auch heute noch jeden Tag auf der Fischerinsel, so wie er. Aber dazu später.

In der Liste vom Klassentreffen 1999 ist bei Jörg der Geburtsort Dresden vermerkt. »Ja, das stimmt«, bestätigt er nickend. »Aber anschließend sind wir quer durchs Land gezogen. Erst nach Neuhaus am Rennweg in Thüringen, anschließend ging es nach Magdeburg, wo mein Vater einen leitenden Job im Schwermaschinenbaukombinat ›Ernst

Thälmann‹ hatte, falls dir der Name was sagt?« Na klar, das SKET, wie es abgekürzt hieß, war das größtes Maschinenbauunternehmen der DDR, hervorgegangen aus der Friedrich Krupp AG. Programmatisch hieß das Unternehmen nach einem Antifaschisten, dem Kommunisten Ernst Thälmann.

Aus Magdeburg wechselte der Vater 1969 nach Berlin in das Ministerium für Schwermaschinenbau. Deshalb landete die Familie auf der Fischerinsel. Jörg, sein jüngerer Bruder und die Eltern. Wie jeder zweite in unserer Klasse war Jörg also kein »echter« Berliner. Wie Annette oder Donald hatte auch er in seinen ersten zehn Lebensjahren schon ein paar Mal den Wohnort gewechselt. Keine untypische Biografie also für ein Kind von der Fischerinsel.

Ich frage Jörg nach den Nachbarn in seinem Haus damals, 1969 beim Einzug.

»Das waren fast durchweg Leute aus Ministerien, später war das auch beim zweiten Hochhaus so, bei der Nummer eins. Erst danach ist die Wohnungsvergabe wohl weiter gefächert gewesen«, glaubt Jörg sich zu erinnern und dass bei ihm in der Nummer zwei »auch etliche Familien gewohnt haben, wo die Eltern bei der Stasi gearbeitet haben, oft sogar Mutter und Vater.«

Tatsächlich gab es damals das Gerücht, so erinnere ich mich, dass in seinem Haus die komplette oberste Etage von Markus Wolf bewohnt wurde, dem Chef der DDR-Auslandsspionage. War das so? »Nicht die gesamte Etage. Man hat dort für Markus Wolf allerdings zwei Wohnungen

Jörg in den siebziger Jahren

zusammengelegt, sodass es insgesamt sieben Zimmer waren. Das wusste jeder im Haus.«

Tatjana Trögel ist die Tochter von Markus Wolf und Enkelin des Schriftstellers Friedrich Wolf. Ich besuche sie in Lehnitz, im einstigen Wohnhaus von Friedrich Wolf, das heute Gedenk- und Bildungsstätte ist. Frau Trögel koordiniert hier die Arbeit der Friedrich-Wolf-Gesellschaft. Friedrich Wolf war nicht nur Schriftsteller, sondern Arzt und Kulturfunktionär und der Vater von Auslandsspionagechef Markus und Filmregisseur Konrad Wolf. Tatjana Trögel bestätigt mir, was Jörg sagte: »Wir haben dort richtig in einer Großfamilie gelebt, drei Generationen, mein Bruder und ich, außerdem meine Oma.« Die zwei Wohnungen hatte man mittels eines Durchbruchs miteinander verbunden. An einem Ende der langgestreckten Wohnung hatte die Großmutter ihr Zimmer, am anderen lag das Arbeitszimmer vom Emmi, der Frau von Markus Wolf. Die Wolfs zogen, wie Jörgs Familie, im Herbst 1969 in das erste Hochhaus auf der Fischerinsel. Vorgesehen für den Chef der Auslandspionage war eigentlich ein ganz anderer Umzug. »Wir hatten zuvor in Pankow gewohnt, am Majakowski-Ring, in der Regierungssiedlung. Aber dann hieß es, dass alle Spitzenleute jetzt raus nach Wandlitz ziehen müssen. Dagegen sind wir auf die Barrikade gegangen, mein Bruder, ich und unsere Mutter. Da wollten wir auf keinen Fall hin. Die Vorstellung, dass Trudchen Mielke dort unsere Nachbarin sein könnte, war meiner Mutter ein Graus. Um ehrlich zu sein, mussten wir bei unserem Vater auch nicht allzu viel Überzeugungsarbeit leisten. Der hätte in Wandlitz zum Beispiel die Berliner Theater, das Kino, überhaupt die Kultur furchtbar vermisst. Von der Fischerinsel dagegen ist er oft einfach zu Fuß in die Theater gegangen oder auch ins Kino, wenn sein Bruder Konrad da mal wieder eine Premierenfeier hatte.«

Ich bin verblüfft, dass der legendäre Chef des DDR-Auslandsgeheimdienstes einfach so zu Fuß durch Ostberlin spaziert ist. Suchten doch die Geheimdienste im Westen in den siebziger Jahren fieberhaft nach einem aktuellen Foto von Markus Wolf, den sie deshalb den »Mann ohne Gesicht« nannten. Auf der Fischerinsel hätten sie jede Menge Fotos von Wolf knipsen können. Jörg erinnert sich daran, dass in den frühen Siebzigern »unten vor der Haustür morgens immer zwei schwarze Limousinen warteten, die Wolf

Markus Wolf (2. v. r.) mit Familie beim Spaziergang auf der Fischerinsel

abgeholt haben«. Dass die Schnüffler von drüben Wolf nicht entdeckten, lag vielleicht auch daran, dass der auf auffälligen Personenschutz verzichtete und privat einen Moskwitsch fuhr, ein eher unspektakuläres Auto, erinnert sich seine Tochter, die als Zweiundzwanzigjährige übrigens wieder bei ihren Eltern auf der Fischerinsel einzog. Sie war inzwischen selbst Mutter eines kleinen Mädchens und genoss nun für eine gewisse Zeit die Geborgenheit in der Großfamilie. Und Markus Wolf ging selbstverständlich spazieren mit Kindern und Enkeln, ganz öffentlich, auf der Fischerinsel. Der Chef von über viertausend DDR-Auslandsagenten hatte die stattliche Größe von 1,90 Meter. Die Agenten des BND übersahen ihn dennoch.

Nachdem er und seine Frau sich 1976 getrennt hatten, war die Großfamilie ausgezogen aus der Sieben-Zimmer-Wohnung. In den achtziger Jahren kehrte Wolf wieder in die Nähe der Fischerinsel zurück, in eine geräumige Neubauwohnung im Nikolaiviertel. Der Mitsechziger war da schon im Ruhestand, nicht ganz freiwillig, wie es hieß. Stasichef Mielke sei die Frauengeschichten seines Stellvertreters leid gewesen, wurde gemunkelt. Für alle Fälle ließ Mielke seinen früheren Spitzenagenten nicht aus den Augen. Jeden Morgen schickte das MfS zwei Mitarbeiter in das Postamt in der Rathausstraße, um die an Wolf adressierte Post zu kontrollieren. Erst anschließend durfte sich der Briefträger in Richtung Nikolaiviertel auf den Weg machen. So hat es mir vor Jahren ein Freund erzählt, der dort auf dem Postamt gearbeitet hat.

Jörg kann sich nicht erinnern, ob er Wolf mal auf der Fischerinsel persönlich begegnet ist. Aber die schwarzen Limousinen der tschechischen Marke Tatra und die Chauffeure in ihren gutsitzenden Anzügen hat er noch bestens vor Augen. Was er da sah, sollte später noch Einfluss haben auf seine Berufswahl. Mit sechzehn schlüpfte er allerdings statt in einen Maßanzug, erstmal in Maurer-Klamotten und lernte Bau-Facharbeiter. Ihm war schnell klar, dass er das nicht bleiben würde. »Baufacharbeiter war ein Knochenjob und es gab viel zu wenig Geld. Da musste sich was ändern«, stellt er klar und reibt dabei Daumen und Zeigefinger seiner rechten Hand aneinander. Doch bevor sich etwas änderte, lebte Jörg erstmal ein typisches DDR-Leben. Mit achtzehn zur Armee, mit neunzehn Vater, mit einundzwanzig die

Trennung von seiner Frau. Er bekam das Sorgerecht und sein Sohn wuchs nun überwiegend bei Jörgs Eltern auf der Fischerinsel auf, bei Oma und Opa. Wie gesagt, Jörg würde niemals so richtig loskommen von der Fischerinsel.

Auch in seinem nächsten Job, als Busfahrer bei den Ostberliner Verkehrsbetrieben nicht. »Da gabs gutes Geld zu verdienen«, meint mein Mitschüler von einst und macht wieder diese Bewegung mit Daumen und Zeigefinger. Besonders oft saß er hinter dem Lenkrad der Linie 78, die in U-Form durch die Ostberliner City führte, vom Arkonaplatz über Alexanderplatz, Heinrich-Heine-Viertel, Palast der Republik, Friedrichstraße bis zur Charité. Auf halber Strecke kam Jörg dann jedes Mal an der Fischerinsel vorbei.

Er selbst wohnte inzwischen in Marzahn und wechselte bald wieder den Job. Statt Bus fuhr er nun Taxi beim ›Volkseigenen Betrieb Taxi‹. Achthundert Fahrzeuge der Marken LADA und Wolga hatte der VEB im Einsatz, was viel zu wenig war. »Wir lebten wie die Könige«, schwärmt mein Gegenüber.

Taxifahrer als Könige. Tatsächlich, in den letzten Jahren der DDR waren sie die eigentlich herrschende Klasse im Land, die Taxifahrer, Kellner und Handwerker, all diejenigen, die Leistungen anbieten konnten, die Mangelware waren. »Die haben uns fast die Klinken von den Autotüren gerissen«, lacht Jörg. »Heute ist es ja umgekehrt. Da rennen die Taxifahrer bettelnd den Kunden hinterher. Eintausendeinhundert Mark habe ich verdient als Taxifahrer, hinzu kam ungefähr die gleiche Summe an Trinkgeld und dann noch im Schnitt vierhundert West-Mark pro Monat. Mit Devisen zahlten vor allem Westberliner und Westdeutsche. Ich hatte zum Beispiel einige Stammkunden, die ich regelmäßig vom Bahnhof Friedrichstraße zu deren Verwandten in Ostberlin kutschiert habe. Die D-Mark mussten wir Taxifahrer eigentlich nach Dienstschluss beim Unternehmen abrechnen. Aber ich kannte keinen, der das gemacht hat. Wenn einer mit D-Mark bezahlt hat, haben wir das Geld sofort ins eigene Portemonnaie gesteckt und in die Taxi-Geldbörse den entsprechenden Betrag in Ostgeld getan. Außerdem hatte ich eine Freundin in der Taxizentrale, die mir Top-Aufträge zugeschanzt hat, zum Beispiel vom Palasthotel. Da hieß es dann: Taxi 478 – das war mein Wagen – bitte einen Fahrgast vom Palasthotel abholen. Und im Palasthotel wohnten ausschließlich Gäste aus dem Westen, darunter viele Geschäftsleute. Die haben alle mit harter Währung bezahlt.«

Als Schüler stand er ja, wie er sich ausdrückt, »leistungsmäßig oft ein bisschen auf der Kippe«. Aber den Abschluss hat er geschafft, die 10. Klasse. Vielleicht wäre mehr drin gewesen, aber er hing damals mit Leuten rum, »die sich auch nicht gerade ein Bein ausgerissen haben«. Ich zeige ihm das Klassenfoto von damals und frage, an wen er sich noch erinnern kann. Er zeigt auf Ann-Maren. »Das war eine Hübsche, die hat in der Fischerinsel eins gewohnt«, meint er. »Die Eltern waren ja wohl auch irgendwelche Funktionäre«, glaubt er. Mutter und Vater unserer »Schwedin« sollen Funktionäre gewesen sein? Das glaube ich nicht.

Aber zurück zu Jörg, der von sich sagt, dass er sich »kein Bein ausgerissen hat« damals in der Schule, und der es mit Mitte zwanzig trotzdem weit gebracht hatte, finanziell jedenfalls. Während Altersgenossen, die studiert hatten, selten mehr als 900 Mark verdienten, brachte er es als Taxifahrer auf monatlich 2.200 Ost-Mark plus einige Hundert D-Mark. Das war ein sensationeller Spitzenverdienst.

Trotzdem wechselte er noch mal den Job, wurde persönlicher Fahrer eines stellvertretenden Ministers. Dieser stellvertretende Minister für Schwermaschinenbau wohnte auf der Fischerinsel, in der Nummer sechs. Wie einst die Fahrer von Markus Wolf, stand jetzt Jörg morgens im dunklen Anzug, mit weißem Hemd und Krawatte vor dem Haus, um seinen Chef zur Arbeit zu fahren, zum Haus der Ministerien an der Leipziger Straße.

Jörg war also mal wieder zurückgekehrt zur Fischerinsel, steuerte morgens und abends die Nummer sechs an, um seinen Chef abzuholen oder nach Hause zu bringen. Der Staatsfuhrpark war gerade von sowjetischen und tschechischen Modellen auf VOLVO und Citroën umgestellt worden. Jörg fuhr Citroën und stand tagsüber der Ehefrau des stellvertretenden Ministers zur Verfügung. »Also nicht, wie du jetzt vielleicht denkst«, verscheucht Jörg bei mir sofort jeden Anflug erotischer Fantasien. Zur Verfügung stehen hieß, die Kinder oder Enkel zum Training zu fahren oder Einkäufe zu erledigen. »Besonders häufig bekam ich Einkaufslisten für den Sonderladen in der Mohrenstraße, wo man für DDR-Geld Westprodukte kaufen konnte. Das war ein Geschäft, groß wie ein Supermarkt, in dem es Bekleidung gab, Kosmetik, Waschmittel, Zigaretten, Kaffee, Lebensmittel und Alkohol, alles Sachen aus dem Westen. Da habe ich auch Margot Honecker ein paar Mal getroffen. Es durften dort nur die Spitzen der Ministerien einkaufen, Staatssekretäre, stellvertretende Minister, Minister und natürlich Leute vom SED-Politbüro und wir, das Personal. Wir hatten spezielle rote Klappausweise, mit denen waren wir berechtigt dort einzukaufen. Ich habe da auch für mich privat Sachen geholt. Aber – das muss ich an der Stelle auch mal sagen – ich war nie bei der Stasi. Mit denen hatte ich nichts zu tun«, beteuert mein alter Mitschüler.

Trotzdem war er nach der Wende seinen Job los. Das DDR-Maschinenbauministerium gab es schon bald nicht mehr, keinen stellvertretenden Minister, keinen Dienst-Citroën. Jörg erzählt, dass für viele Menschen auf der Fischerinsel damals eine Welt zusammenbrach. Egal ob sie bei der Ministerialbürokratie gewesen waren, im Parteiapparat oder Wissenschaftler und Künstler. Er erlebte es bei seinem Vater, der von seiner Spitzenposition in der DDR-Wirtschaftselite direkt in die Arbeitslosigkeit abstürzte. Wenn Jörg in jener Zeit seine Eltern auf der Fischerinsel besuchte, dann spürte er auch bei etlichen Nachbarn »eine schwermütige Mischung aus Trauer, Ratlosigkeit und Wut«.

Jörg hatte inzwischen noch mal geheiratet, war Vater einer Tochter geworden. Mit Sohn und Tochter zogen sie zu viert nach Thüringen, restaurierten ein altes Haus. Bald saß er wieder hinterm Lenkrad. Jetzt chauffierte er Urlauber durch Europa. Es waren die goldenen Jahre für die Busreise-Branche. Es galt den Nachholbedarf der Ostdeutschen zu befriedigen, die nun endlich auch an die Costa Brava wollten, nach Amsterdam, Venedig und Paris. Jörg reibt beiläufig noch mal Daumen und Zeigefinger aneinander. »Aber über diese Zeit mit den Busreisen ist meine Ehe kaputtgegangen«, sinniert er.

»Nach der Trennung bin ich 2003 wieder auf die Fischerinsel gezogen. Ja, wirklich. In das gleiche Haus, in dem meine Eltern noch immer wohnten. Wahrscheinlich bin ich einer der wenigen, die mit über vierzig wieder zurückgekommen sind, auf die Fischerinsel!«

Inzwischen wohnt Jörg in einem Appartement südlich von der Fischerinsel und ist dennoch fast jeden Tag drüben bei seiner Mutter. Die wohnt noch immer in der Wohnung, in die die Familie 1969 eingezogen ist. Die Mutter wird demnächst fünfundachtzig und ist noch ganz fit, wie ihr Sohn findet. Einmal täglich schaut er bei ihr vorbei. Heute früh erst war er dort und hat die Fenster geputzt. Berufskraftfahrer ist er schon lange nicht mehr. Inzwischen hat er einen Schreibtischjob bei einer Ärztevereinigung, erledigt Statistikarbeiten am Computer und ist zufrieden, wie er sagt.

Er ist der Erste, den ich treffe, der immer wieder zur Fischerinsel zurückgekehrt ist. Wird er nun für immer dort bleiben? Wird er nicht nur der Erste gewesen sein, sondern auch der Letzte von uns Kindern von der Fischerinsel, the last man standing sozusagen?

»Nö, auf keinen Fall. Wenn meine Mutter mal nicht mehr ist und ich in ein paar Jahren Rentner sein werde, dann ziehe ich hier weg, nach Thüringen. Da lebt meine Tochter, da habe ich Verwandte. Da ist es nicht weit zu meinem Bruder, der Chefarzt in einer großen Klinik in Hessen ist. Aber das ist ja schon eine neue Geschichte.«

Marion

Wo ist Marion, die aus der Fischerinsel zehn?

Marion und ich haben uns das Klassenfoto gemeinsam mit der Lupe angesehen. Wir glauben beide, dass sie in der hinteren Reihe steht, hinter dem blonden Peter. Leider ist das Bild schwarzweiß.

Auf einer Farbaufnahme hätten wir sie an ihrer Haarfarbe erkannt. Marion war die einzige Rothaarige in unserer Klasse.

Bei ihr zu Hause war ich zum ersten Mal in meinem Leben betrunken. Es war Silvester 1974, ich vierzehn und es gab Eierlikör. Nicht im Schokobecher, wie ihn meine Mutter und die Tanten bei den Familienfeiern tranken, sondern aus Wassergläsern. Marion hatte »sturmfrei« und ein Dutzend Freunde eingeladen. Keine Ahnung, wer den Eierlikör angeschleppt hatte und ob es »Verpoorten« war oder der aus der Volkseigenen Likörfabrik Zahna in Sachsen-Anhalt. Eine Freundin, die dort aufgewachsen ist, hat mir erzählt, dass sowieso beide Marken in Zahna hergestellt wurden und die Flaschen für den Westen lediglich ein anderes Etikett draufgeklebt bekamen. Abgesehen davon, dass die drüben ihren Eierlikör im Fernsehen mit einem Spot bewarben, in dem die idiotische Zeile »Ei ei ei Verpoorten« gesungen wurde. Woher das Gesöff bei der Party auch stammte, mir krampft sich beim Anblick von Eierlikör noch heute der

Magen zusammen. Immerhin war ich an jenem Silvesterabend noch nach Hause gewankt, zwei Hochhäuser weiter, um schließlich aus dem Kinderzimmerfenster im hohen Bogen auf den Gehweg vor unserem Haus zu kotzen. Zum Glück lief in diesem Moment niemand unter unserer Wohnung in der ersten Etage entlang, hoffe ich jedenfalls.

Marion kann sich an den, für mich denkwürdigen, Abend nicht erinnern. Sie fragt mich stattdessen, ob ich Angst vor Hunden habe. Nein, habe ich nicht. Santo, der braunweiße Jagdhund, dämmert in den kommenden Stunden ohnehin die meiste Zeit in einer Ecke des Wohnzimmers vor sich hin.

Es sehe gerade etwas chaotisch aus bei ihr, entschuldigt sich meine Gastgeberin. Sie sei dabei, das komplette Häuschen zu renovieren. Das sei jetzt mal fällig. Obwohl sie schon damals mit ihrem Mann eine Menge Arbeit reingesteckt habe in das Haus, das eine ziemliche Bruchbude war. Das Haus, in dem ich zu Gast bin, liegt in einer Gartensiedlung im Berliner Norden, nur wenige Meter entfernt verläuft die Bezirksgrenze zwischen Pankow und Reinickendorf, früher stand dort die Berliner Mauer.

Marion habe ich das letzte Mal vor viereinhalb Jahrzehnten gesehen. Damals war sie ein sommersprossiges Mädchen mit langen roten Haaren. Ich mochte Marion, die stets etwas Aufmüpfiges ausstrahlte. Jedenfalls habe ich sie so in Erinnerung.

Die roten Haare sind inzwischen hellblond geworden. Nicht der schlechteste Farbwechsel. Auf dem runden

Wohnzimmertisch liegen mehrere Fernbedienungen, Häkelzeug, ein Knäul türkisfarbene Wolle und ein Stapel kleiner gestrickter Täschchen, gelb, rot, schwarz, blau. Werden das Handyhüllen? »Nein«, lacht Marion und hustet dabei, »das sind Täschchen für Hunde-Leckerli, damit man sich seine Jackentasche innen nicht beschmiert, weil die Leckerli ja ziemlich fettig sind. Dafür sind diese Täschchen gedacht. Meine Tochter hat einen Laden für Hundebedarf und die Stammkunden dort bekommen zu Weihnachten immer ein kleines Geschenk. Und in diesem Jahr eben diese Täschchen.« Marion hat Zeit zum Häkeln. Seit zwei Jahren schon ist sie krankgeschrieben. Wahrscheinlich ist die Frühverrentung demnächst endlich durch.

Und dann machen wir uns gemeinsam auf eine Zeitreise, fünfzig Jahre zurück, Frühjahr 1971. Marion erzählt von ihrer Zeit, bevor sie zur Fischerinsel kam: »Wir wohnten in Oberschöneweide, gleich neben der Wuhlheide. Das war total idyllisch. Die Trabrennbahn in Karlshorst war nicht weit. Da bin ich Reiten gegangen, drei Mal in der Woche. Die Stunde kostete fünf Mark, was damals eine Menge Geld war. Wir hatten eine wunderbare Wohnung, hundertvierzig Quadratmeter, sogar eine Mädchenkammer gabs, fürs Dienstpersonal, das die früheren Mieter dort wohl hatten. Man konnte in der riesigen Wohnung wunderbar Rollschuh laufen. Das waren noch die schweren Dinger aus Metall mit vier Rollen an jedem Schuh. Das hat jedes Mal wunderbar Ärger mit den Nachbarn gegeben.« Bei Marions Familie

Marion in den siebziger Jahren

war es wie bei uns Ulrichs, sie wollten raus aus ihrer großen Wohnung, weil sie es leid waren, im Winter Kohlen schleppen zu müssen und die vielen Kachelöfen zu beheizen. Jedenfalls zogen Mutter, Vater, Sohn und Tochter im April 1971 in die Fischerinsel zehn, drei Zimmer in der vierzehnten Etage. Statt auf hundertvierzig Quadratmetern lebten sie jetzt auf fünfundsechzig und waren froh über Heizung, Warmwasser und Fahrstuhl. »In der ersten Zeit«, erinnert sich Marion, »kamen mich meine alten Schulfreunde aus Schöneweide extra besuchen, nur um Fahrstuhl zu fahren. Das kannten die ja sonst nur, wenn sie mal mit ihren Eltern hoch auf dem Fernsehturm waren. Im Unterschied zum Fernsehturm konnten sie bei mir den ganzen Nachmittag immer wieder mit dem Fahrstuhl hoch und runter fahren.

Und dann erst der Ausblick vom Dachgarten. Man konnte von unserem Haus ja weit nach Westberlin gucken. Das war schon ein ziemliches Spektakel.«

Marion war die Neue damals im April 1971 bei uns in der Klasse 5a. »Die Klasse war irre voll«, erinnert sie sich. »Es gab keinen freien Platz mehr für mich und deshalb musste ich vorne seitlich am Lehrertisch sitzen. Da waren auch noch die ganzen Ausländer bei uns in der Klasse, Tatjana die Russin, dann die Bulgarin und die Jungs aus Venezuela. War da nicht auch einer aus Spanien?« An einen Spanier kann ich mich nicht erinnern.

Natürlich kommen auch Marion und ich auf das Thema Prominente zu sprechen.

Dean Reed, ist sie sich sicher, hat dort gewohnt in ihrem Haus, in der Fischerinsel zehn. Dass der US-amerikanische Sänger und Schauspieler, der in den siebziger und achtziger Jahren in der DDR einer der großen TV- und Kinostars war, auf der Fischerinsel gewohnt haben soll, höre ich zum ersten Mal. Ebenso verblüfft mich Marion damit, dass auch die Schlagersängerin Regina Thoss eine Nachbarin gewesen sein soll, in der Fischerinsel fünf. »Die Thoss«, ist sich Marion sicher, »hatte irgendwie Stress dort und ist dann entnervt ausgezogen, aus dem Haus.«

Aus dem Haus – ausgerechnet. Schließlich ging es im bekanntesten Schlager von Regina Thoss um das glatte Gegenteil von Nachbarschaftsstreit, nämlich um das Haus als Hort der Liebe, mit dem schwülstigen Refrain: »Die Liebe ist ein Haus, für dich und mich ein Haus, ein Haus, indem wir miteinander wohnen«.

»Ja, das war mein Riesenhit«, lacht Regina Thoss und bestätigt, was Marion mir erzählt hat. »Ich habe in der Fischerinsel fünf gewohnt, von 1972 bis 1976. Und es war ein schönes Miteinander dort. Da wohnten ja auch andere Künstler. Die Schauspielerin Monika Woytowicz mit ihrem Mann zum Beispiel, dem Regisseur Celino Bleiweiß. Oder Roland Neudert, der Schlagersänger.« Thoss lebte mit ihrem damaligen Freund auf der Fischerinsel, der zugleich ihr Bandleader war. Hatte die Sängerin tatsächlich irgendwelchen Stress, wie Marion sich zu erinnern glaubt?

»Tatsächlich gab es den«, bestätigt Regina Thoss. »Ein Stalker machte Stress. Obwohl es den Begriff Stalker damals ja noch gar nicht gab. Jedenfalls hatte ein gewisser Gottfried aus Leipzig irgendwie meine Adresse herausbekommen und stand regelmäßig vor meiner Wohnungstür wie ein Geist. Ins Haus zu gelangen war kein Problem für den Mann. Irgendeiner drückte immer den Türöffner, wenn man unten an der Haustür klingelte.« Die Volkspolizei, die sie jedes Mal, wenn der Stalker wieder auftauchte, informierte, sprach dem Leipziger regelmäßig ein »Berlin-Verbot« aus. »Doch am folgenden Tag stand der prompt wieder vor meiner Tür«, erinnert sich die Sängerin. Irgendwann hatte sie dann ihre Ruhe. Gottfried tauchte nicht mehr auf. Ein Kriminalpolizist erzählte ihr später, der Stalker habe sich das Leben genommen.

Wenn sie es sich recht überlege, meint die Sängerin, war die Fischerinsel auch eine Art Künstlerviertel. So viele Kollegen hätten dort gewohnt. Oft habe man sich gleich gegenüber getroffen, weiß die Sängerin noch heute. »Auf der anderen Seite des Spreekanals, am Märkischen Ufer, gab es das Ermelerhaus. Das war in den siebziger Jahren das feinste und teuerste Restaurant in der Hauptstadt. Manfred Krug und sein Komponist und Freund Günther Fischer haben dort oft opulent getafelt. Nebenan gab es im Untergeschoss die Raabediele, eine auf rustikal gemachte Berliner Kneipe, wo es das beste Eisbein gab.«

Das Ermelerhaus ist der Nachbau eines Patrizierhauses aus dem 18. Jahrhundert. Das Gebäude stand ursprünglich in der Breite Straße, nördlich der Fischerinsel. Das Original war in den sechziger Jahren abgerissen und als Kopie am Märkischen Ufer wiederaufgebaut worden. Dabei hatte man etliche Rokoko-Bauelemente aus dem alten Ermelerhaus wiederverwendet. Direkt neben dem Ermelerhaus stand ein weiterer Nachbau, der des Hauses Friedrichsgracht 15. Pfarrer Boß hatte mir erzählt, dass dort das Ehepaar Dahlke gewohnt und im Keller einen Kartoffelhandel betrieben hatte. Jetzt stand das Haus der Dahlkes, richtig schick gemacht, auf der anderen Uferseite. Dass aus einem Kartoffelkeller eine Kneipe geworden war, die gutes Eisbein zu bieten hatte, war keine schlechte Pointe. Beide Gebäude am Märkischen Ufer haben es zu DDR-Zeiten auf eine Fünfundzwanzig-Pfennig-Briefmarke geschafft. Links auf der Marke zu sehen ist das Haus, das mal gegenüber in der Friedrichsgracht gestanden hat, rechts ist das Ermelerhaus. Beide Häuser sind heute Teil eines Hotelkomplexes.

Zwei gerettete alte Häuser auf einer Briefmarke von 1971

An die alten Häuser in der Friedrichsgracht kann sich Marion gut erinnern, die hat sie gemocht. »Die hatten sowas Rührendes, es stand ja noch lange eine ganze Häuserzeile zwischen der Roßstraßenbrücke und der Inselbrücke. Die Gebäude waren über zweihundert Jahre alt, ein bisschen krumm und schief, es sah so aus, als würden die sich gegenseitig stützen.« Marion meint sogar, dass wir in den Stunden, in denen dann die letzten Altbauten gesprengt wurden, frei bekamen von der Schule, um uns das Ganze anzusehen. Sie hat die Bilder nie vergessen, sagt sie, und wie traurig sie damals war.

Marions Eltern waren, wie meine, keine Staatsfunktionäre oder prominente Künstler. Auch bei Marions Familie war es die Mutter, die jahrelang Druck beim Wohnungsamt gemacht hatte, um eine Neubauwohnung zu bekommen. Marions Eltern, erfahre ich, arbeiteten, wie meine, am unteren Ende der DDR-Ministerialbürokratie.

Marions und meine Wege trennten sich, als wir vierzehn waren. Ich ging auf die Erweiterte Oberschule, also aufs Gymnasium. Marion blieb bis zum Abschluss der zehnten Klasse an unserer alten Schule, der 15. POS. »Am liebsten hätt ick wat mit Pferden jemacht. Aba daran war ja nich zu denken«. Meine Mitschülerin berlinert, wenn sie unbefangen redet. Genau wie ich und viele andere ältere Ostberliner. Zu berlinern galt von Pankow bis Köpenick nicht als unfein, auch unter Akademikern nicht. Kurt Krömer, Comedian, rbb-Kollege und gebürtiger Westberliner hat mir mal erzählt, wie er kurz nach dem Mauerfall zu einer Party in Ostberlin eingeladen war, zu der, wie es hieß, auch Schauspieler, Ärzte und Wissenschaftler kommen würden. Alle Gäste dort berlinerten so heftig, dass Krömer um Mitternacht vorsichtig fragte, wann denn die Ärzte und Wissenschaftler kommen würden? Sie waren natürlich längst da – und berlinerten.

Ich mag Marions Berlinern und gebe ihre Worte hier trotzdem weiter in Hochdeutsch wieder, weil es sich vielleicht einfacher liest. Der Kundige kann sich Marions Worte ja im Stillen übersetzen.

Marion ging nach der 10. Klasse nach Neubrandenburg, um Instandhaltungsmechaniker für die Technologie der Wasserversorgung und Abwasserbehandlung zu lernen. Weibliche

Berufsbezeichnungen waren damals noch nicht üblich. »Instandhaltungsmechaniker war letztlich auch nur ein anderes Wort für Klempner«, erfahre ich und dass Marion nicht unbedingt genau diesen Beruf lernen wollte, sie zog es vor allem weg von zu Hause. Im Neubrandenburger Lehrlingsinternat war sie weg, weit weg von der Fischerinsel. Inzwischen spielten auch Jungs eine immer wichtigere Rolle in ihrem Leben. »In Neubrandenburg gabs einen deutlichen Jungs-Überschuss«, erinnert sie sich kichernd. »Das Wohnheim hatte acht Etagen, auf sechs davon wohnten Jungs.« Nach der Lehre hat sie dann angefangen, Wasserwirtschaft in Magdeburg zu studieren. Aber die Aussicht, später mal in einem Klärwerk zu arbeiten, fand sie wenig reizvoll und schmiss das Studium. Mit Anfang Zwanzig wohnte sie wieder auf der Fischerinsel, im alten Kinderzimmer bei ihren Eltern. Kurz darauf bekam sie ihre Tochter. Ein paar Jahre später lernte sie Uwe kennen, ihren späteren Mann. Gearbeitet hat sie bis zur Wende im Handel, in Boutiquen, Kaufhäusern und im Großhandel. Sie hat organisiert und disponiert.

Zur Zeit des Mauerfalls hat sie in einem großen Ostberliner Handelskontor in der Zimmerstraße gearbeitet, nicht weit vom Checkpoint Charly. Mitten auf der Zimmerstraße verlief die Grenze, weshalb die Fenster des Kontors vergittert waren, damit niemand türmen konnte. Aber rüber gucken konnten sie trotzdem und winkten immer mal den Leuten hinten den Fenstern auf der anderen Straßenseite zu. »Und weißt du, was da drüben war?«, fragt mich Marion. Keine Ahnung, woher soll ich das wissen?

»Das war ein Bestattungsunternehmen! Am Tag nach der Maueröffnung, also am 10. November 1989, sind wir da geschlossen rüber marschiert zu denen und haben die Korken knallen lassen. Wiedervereinigung beim Bestatter, stell dir das mal vor! Leider haben wir damals keine Fotos gemacht, drüben in dem Sargladen.«

Ich kann es mir in etwa vorstellen. Frauen mit Dauerwelle und Schulterpolstern, Männer mit Vokuhila-Frisuren, Schnäuzer und mit Bundfaltenhosen und dazu Sekt zwischen Särgen und Urnen. Was sind dagegen schon die Bilder von den Feiernden auf der Mauerkrone am Brandenburger Tor.

Als mich Marion zum Gartentor begleitet, fällt ihr noch ein weiterer Prominenter ein. Frank Schöbel, erinnert sie sich, ist bei ihr in der Fischerinsel zehn ein und aus gegangen. Schließlich wohnten ja seine Schwiegereltern Pilar und Ernesto Lacasa im Haus. Jedenfalls hat sie den Schöbel öfter mal im Haus gesehen. Im Gegenzug frage ich sie, ob sie mal Sarah Kirsch begegnet ist, der Lyrikerin? Marion zuckt mit den Schultern. Hört sie gerade zum ersten Mal, dass Sarah Kirsch auf der Fischerinsel gewohnt hat, bis sie ausgereist ist aus der DDR. Kirsch hatte gemeinsam mit anderen im Herbst 1976 gegen die Ausbürgerung des Liedermachers Wolf Biermann protestiert, und war später, wie viele andere Künstler, selbst in den Westen gegangen. Ich habe gelegentlich Gedichte von ihr gelesen. Auf Lyrik von Sarah Kirsch muss man sich einlassen, um es mal so zu formulieren. Es gibt in ihren Gedichten weder klassische Reime, noch festes Versmaß, sondern einen völlig unberechenbaren Sound. Mit Grammatik und Zeichensetzung ging die Autorin ausgesprochen frei um. Ihre Gedichte beginnen oft mit Alltags- oder Naturbildern, die anschließend verfremdet wurden. Am Ende der meisten Texte gibt es häufig eine überraschende Wendung, eine Art Pointe.

Ich gebe in die Suchmaschine »Fischerinsel« und »Sarah Kirsch« ein. Es erscheint ihre Adresse auf der Fischerinsel, die Nummer neun, also das Haus zwischen Marions Nummer zehn und der Nummer sechs, in der wir Ulrichs wohnten. Unter den Treffern wird mir auch eine Gedichtpassage angezeigt: »Schnell in die Wohnmaschine Fischerinsel mal rein – da fällt mir ne Gänsehaut zu und das Würgen sitzt mir im Halse … Kein Verständnis für Beton niemals und nirgends.«

Begeisterte Hochhausbewohnerin scheint Sarah Kirsch nicht gewesen zu sein. Von 1971 bis 1977 hat sie in einer Zwei-Raum-Wohnung in der Fischerinsel neun gewohnt, gemeinsam mit ihrem Sohn Moritz. Den will ich treffen! Schließlich ist auch Moritz ein »Kind von der Fischerinsel«. Moritz Kirsch schreibt mir: »Sie dürfen mich gerne für ein Gespräch besuchen – die Fischerinsel-Zeit ist für mich zwar nicht gerade das angenehmste Gesprächsthema, aber wenn das Gespräch hier in meinem wunderschönen Haus an der Eider und nicht in der Fischerinsel stattfindet, ist das OK!«

Moritz

Wir stehen auf dem Deich in Tielenhemme und schauen auf die Eider, die sich träge durch die Dithmarsche Wiesenlandschaft schlängelt. Moritz Kirsch hatte mich vor dem Haus erwartet. Er ist einundfünfzig, trägt ein rot-schwarz-kariertes Flanellhemd, schwarzes Basecap, Brille und Dreitagebart. In den nächsten Stunden lerne ich ihn als unterhaltsamen und klugen Gesprächspartner kennen. Bevor es ins Haus geht, führt er mich erstmal auf die andere Straßenseite, hoch auf den Deich. »Wir hatten hier oben in den achtziger Jahren ein Dutzend Schafe und unseren Esel Bilbo. Das ist übrigens die Stelle, die mich am ehesten an die Fischerinsel in Berlin erinnert. Auch da war gleich neben unserem Haus ja ein Fluss, der Spreekanal.«

Wenn Moritz Kirsch das so sieht, denke ich. Ansonsten gibt es zwischen der Hochhaussiedlung mitten in Berlin und der platten, dünnbesiedelten Landschaft hier im Westen von Schleswig-Holstein wenig Gemeinsamkeiten. Tielenhemme hat 150 Einwohner, die sich den Deich entlang über zehn Kilometer verteilen.

Günter Kunert, ebenfalls Lyriker und befreundet mit Sarah Kirsch, hatte den Tipp mit der alten Dorfschule gegeben. Die stünde schon seit Jahren leer und zum Verkauf. Das war 1983. Kurz darauf zog die Dichterin mit ihrem Sohn ein. Es war Sarah Kirschs Zuhause, bis zu ihrem Tod im Jahr 2013.

Moritz lebt seitdem alleine in der alten Schule, die er mir jetzt gerne zeigen würde, vorher aber erstmal den Garten, der sich als struppiges Wäldchen entpuppt, mit wildwuchernden Büschen und Bäumen, die ineinander verwachsen zu sein scheinen. An einer Stelle schaut im Waldboden unter Blättern und abgebrochenen Zweigen eine türkisfarbene Porzellan-Rose hervor. Das Grab von Sarah Kirsch. »Sie hatte das mal beiläufig erwähnt, dass sie gerne hier am Haus begraben werden wollte. In Schleswig-Holstein ist das tatsächlich erlaubt. Deshalb ist Sarah hier beerdigt.« Er nennt seine Mutter beim Vornamen. »Das war immer so. Wir hatten diese starke Nähe. Ich habe sie schon als kleiner Junge nur Sarah genannt und sie mich natürlich Moritz, manchmal auch Moses.«

Vom Garten geht es in das 1896 erbaute Schulhaus und ins einzige Klassenzimmer, in dem noch bis Anfang der siebziger Jahre Schüler verschiedener Altersstufen lernten, gemeinsam in einem Raum wohlgemerkt. »In den Anfangsjahren stand hier im alten Schulzimmer der Konzertflügel von Wolfgang von Schweinitz, der den ganzen Tag über komponiert und Musik gehört hat. Später, nachdem Wolfgang in den neunziger Jahren ausgezogen war, hat Sarah hier im alten Klassenzimmer ihre Aquarelle gemalt. Geschrieben hat sie ein Stockwerk höher, unter dem Dach.«

Wir steigen die knarrende Stiege hinauf.

»Eigentlich ist das hier oben noch immer Sarahs Zimmer«, meint ihr Sohn. »Die Möbel, die hier stehen, hatte sie größtenteils auch schon auf der Fischerinsel, den Eckschrank, den Spiegelschrank und natürlich den Sekretär mit dem Bettina von Arnim-Bild drüber. Das stand eigentlich in allen anderen Wohnungen, so oder so ähnlich.« Moritz Kirsch führt regelmäßig Besuchergruppen durch das Haus. Er ist der Nachlassverwalter seiner Mutter, kümmert sich um Neuauflagen und darum, bislang unveröffentlichte Texte zu publizieren.

Da gäbe es möglicherweise noch einiges hier auf dem Dachboden, meint er, und dass sich Sarah in Tielenhemme von Anfang an sehr wohlgefühlt hat. Eigentlich sei sie immer ein Landmensch gewesen, aufgewachsen in einem Dorf im Harz, immer mit der Sehnsucht nach Natur, was ja auch aus vielen ihrer Texte spricht.

Aber warum ist sie dann ausgerechnet auf der Fischerinsel gelandet? Die Hochhaussiedlung mitten in Berlin ist doch das glatte Gegenteil von Leben in der Natur, gebe ich zu Bedenken.

»Sie wollte vor allem nach Berlin. Hier wohnten viele ihrer Freunde und sie war viel näher bei den Verlagen, die ja alle in Berlin saßen. Außerdem lebte auch der Mann, den sie damals liebte, in Berlin. Der Mann, von dem sie schwanger war, also mein Erzeuger«, erklärt Moritz Kirsch und dass er wohl noch etwas weiter ausholen sollte, um mir das alles zu erklären.

Sarah hatte sich damals gerade scheiden lassen von Rainer Kirsch, ihrem Ehemann, der ebenfalls Lyriker war und mit dem sie auch gemeinsam Gedichte und Prosa veröffent-

Moritz im ehemaligen Arbeitszimmer seiner Mutter Sarah Kirsch

licht hatte. »Rainer und Sarah Kirsch« seien damals ein Begriff gewesen und meist in einem Atemzug genannt worden. Rainer hat dann wohl nur schwer verdauen können, dass die Leute beim Namen Kirsch bald nicht mehr in erster Linie an ihn dachten, wie das wohl anfangs noch war, sondern an Sarah. 1968 haben die beiden sich scheiden lassen.

»Den Namen Kirsch hat Sarah behalten«, erklärt mir ihr Sohn. »Ihren richtigen Vornamen hatte sie da ja schon lange abgelegt. Eigentlich hieß sie ja Ingrid. Aber das war für sie so ein Nazi-Name, den fand sie furchtbar, sodass sie sich irgendwann Sarah nannte. In Verbindung mit ihrem Geburtsnamen Bernstein klang das natürlich ausgesprochen jüdisch. Tatsächlich gab es vor langer Zeit jüdische Vorfahren bei den Bernsteins.« Dass die Lyrikerin mit der Wahl des Vornamens Sarah ein Statement abgeben wollte, »das ist eine Legende«, meint Moritz. »Obwohl das auch heute noch kolportiert wird, dass sie mit dem Namen ›Sarah‹ an die Verantwortung der Deutschen für den Holocaust erinnern wollte. Sie wollte vor allem nicht mehr Ingrid heißen«, ist sich der Sohn sicher, »nur das war der Grund.«

Auf Rainer Kirsch folgte Karl Mickel, der Vater von Moritz. Mickel war Schriftsteller und Bühnenautor. Moritz nennt ihn konsequent »Herr Mickel« und sagt, dass der eine Jojo-Beziehung mit seiner Mutter führte. »Der war ja zugleich auch mit einer anderen Frau verheiratet und dann hat er abwechselnd mal der und mal Sarah versprochen, er würde sich demnächst von der Anderen trennen. Die Zeit mit Herrn Mickel hat Sarah viel Kraft gekostet.«

Inzwischen sind wir in der Küche gelandet, die Espressomaschine gurgelt und Moritz blättert in einem Fotoalbum mit Aufnahmen aus den Fischerinsel-Jahren. Auf einem der Bilder grinst ein gutaussehender dunkelhaariger Mann, bekleidet mit einem flauschigen weißen Bademantel, zufrieden in die Kamera. Sarah Kirsch hat mit weißem Stift unter das Foto geschrieben: »Karls Geburtstag«. Der Geliebte war an diesem Tag bei ihr auf der Fischerinsel, nicht bei der anderen Frau. Wegen Mickel war sie nach Berlin gezogen, schon schwanger mit Moritz. Die ersten beiden Jahre wohnte sie im Prenzlauer Berg, Weinert-Straße, Ecke Schönhauser, Zimmer, Küche, Kammer, WC. Im Sommer 1971 bekam sie über das Kulturministerium schließlich die

Zwei-Raum-Wohnung in der Fischerinsel neun. Immerhin war Sarah Kirsch längst eine international bekannte Autorin. »Natürlich war sie glücklich über die Wohnung. Da gab es Fernheizung und jederzeit warmes Wasser im Bad und in der Küche.« Aber hatte sie über die Fischerinsel nicht was von *Gänsehaut* und *Würgen im Hals* geschrieben? »Das hat sie so sicher erst viele Jahre später formuliert«, glaubt Moritz. Tatsächlich hatte Sarah Kirsch einige Wochen nach dem Einzug an Christa Wolf, die Freundin und Schriftstellerkollegin geschrieben: »Die Fischerinsel wirkt sich gut aus – ich bin ganz ruhig und abgeklärt und wieder richtig ich selbst, wie es in den letzten Jahren kaum der Fall war.«

Moritz schlägt die nächste Seite im Album auf. Zu sehen sind Aufnahmen, die Sarah Kirsch aus dem Fenster ihrer Wohnung gemacht hat. Auf einem Foto geht der Blick zum Fernsehturm, auf einem anderen nach unten auf die Fischerinsel, wo Ahornblatt, Schwimmhalle und Einkaufspassage im Bauzustand zu sehen sind. Einige Wochen nachdem Sarah und Moritz Kirsch auf die Fischerinsel gezogen waren, wurde dort ein Supermarkt eröffnet. Die Kaufhalle hatte sogar einen offiziellen Namen, wie man auf dem Flyer vom Eröffnungstag lesen kann. Sie hieß »Kaufhalle Fischerinsel«. Der Andrang am ersten Geschäftstag, dem 29. November 1971, dürfte groß gewesen sein. Ob ich Sarah Kirsch irgendwann mal getroffen habe beim Einkaufen? Ihren Namen hatte ich Pubertierender wohl schon mal gehört, allerdings damals kein Bild von ihr vor Augen und Gedichte las ich zu der Zeit auch noch nicht, abgesehen von denen im

Deutsch-Unterricht, John Maynard, der Osterspaziergang und solche Sachen.

Wie auch immer, der Supermarkt muss gut sortiert gewesen sein. Auf dem Info-Flyer vom Eröffnungstag versprach das »Kollektiv … ein stabiles und reichhaltiges Sortiment an Waren des täglichen Bedarfs«. Das Faltblatt lieferte dazu eine Übersichtskarte. Das Sortiment ist nummeriert, von Zeitungen (1) bis Flaschenrücknahme (47). Was es alles gab! Konditoreiwaren, abgepackte Fleisch- und Wurstwaren, Fleisch- und Wurstwaren individueller Stand, tiefgefrostetes Fleisch, Geflügel, Feinfrost, Fertiggerichte, Obst und Gemüse Frischware.

Was die Kategorie Obst und Gemüse Frischware (41) angeht, sah es in der Realität auf der Fischerinsel nicht anders aus als in anderen DDR-Kaufhallen. In der Auslage buhlten lediglich Kartoffeln, Kohlköpfe und Äpfel um die Gunst der Konsumenten. Bananen, Orangen oder Weintrauben lagen dort eher selten aus. Im Sommer gab es regelmäßig Probleme bei Bier (34) und alkoholfreien Getränken (35). War es zu heiß, kam das Getränkekombinat der Hauptstadt mit der Produktion von Club Cola und Ambassador-Sprudelwasser nicht mehr hinterher. Ein paar Tage länger reichten die Biervorräte. Allerdings flockte im Sommer sehr schnell die Hefe im Bier, weshalb jede Bierflasche prüfend in die Hand genommen, kopfüber gedreht, gegen das Licht gehalten und auf freischwebende Hefepartikel kontrolliert wurde. Schwamm dort etwas, kam die Flasche wieder in den Kasten, grüne Bierflaschen wurden erst gar nicht auf Hefe-

Moritz im Kindergarten auf der Fischerinsel teilt Suppe aus

flocken inspiziert. In grünen Flaschen, glaubten die Biertrinker, würde der Gerstensaft noch viel schneller schlecht werden, als in braunen. In den achtziger Jahren geriet der Hefe-Test dann allmählich in Vergessenheit. Inzwischen wurden fast alle Biersorten pasteurisiert, waren also lange haltbar und die Hefe flockte nicht mehr.

Moritz zeigt unterdessen auf das nächste Foto. »Das hier unten war mein Kindergarten, dieser Flachbau. Sarah konnte aus der Wohnung sehr gut auf den Spielplatz und die Grünfläche vom Kindergarten gucken, was sie auch regelmäßig tat – mit dem Fernglas, um zu sehen, was ich so treibe da unten.« Die sensible Natur-und-Liebes-Lyrikerin mit dem Fernglas als Helikopter-Mutter. Was Sarah Kirsch von ihrem Beobachtungsposten im 17. Stock sah, dürfte ihr gefallen haben. Ihrem Sohn jedenfalls ist seine Kita in angenehmer Erinnerung. »Es war eine schöne Zeit«, sagt er. »Wir haben gespielt, gebastelt, Sachen gelernt. Eine der Erzieherinnen hatte sogar einen kirchlichen Background.« Plötzlich lacht mein Gastgeber und tippt auf ein Foto, auf dem ein Dutzend nackter Kinder fröhlich kreischend im Garten der Kita von einer Erzieherin mit einem Wasserschlauch nassgespritzt wird. »Tja«, stellt Moritz trocken fest, »solche Fotos mit nackten Kindern dürfte man heute überhaupt nicht mehr machen.« Zu Recht, denke ich, und dass die Kinder sichtbar viel Spaß hatten an jenem heißen Sommertag auf der Fischerinsel.

Dann entdeckt Moritz sich selbst auf einem Bild, beim Tischdienst im Kindergarten. Mit einer Kelle teilt er an zwei andere Kinder Suppe aus und schaut dabei ausgesprochen konzentriert. »Solche kleinen Aufgaben zu übernehmen, das war Teil des Alltags im Kindergarten auf der Fischerinsel«, erinnert er sich, und dass das auch okay war. Nur das mit dem Mittagsschlaf habe er nie hinbekommen. Wenn nach dem Mittagessen die kleinen Schlafliegen im Gruppenraum aufgebaut wurden, ging für ihn der Tag im Kindergarten zu Ende. Sarah hat ihn dann abgeholt. Er konnte das einfach nicht, Mittagsschlaf.

Während er vormittags die Zeit im Kindergarten verbrachte, hat Sarah oben in der 17. Etage geschrieben. »Die war eine disziplinierte Arbeiterin und Frühaufsteherin. Von sechs Uhr bis in den späten Vormittag saß sie an ihrem Schreibtisch, verfasste handschriftlich Gedichte, die sie nach zahlreichen Überarbeitungen in die Schreibmaschine getippt hat. Die mit der Hand geschriebenen Entwürfe vernichtete sie, ebenso wie später viele ihrer unfertigen Bilder.«

1975 ist Moritz zur Schule gekommen, natürlich an die 15. POS. Die ersten beiden Jahre ist er dort zur Schule gegangen, erinnert sich heute vor allem noch an wöchentliche Fahnenappelle auf dem Schulhof oder den gellenden Ton der Trillerpfeifen beim Schwimmunterricht. Er und ich sind uns an unserer Schule nicht begegnet. Ich war 1974 bereits auf die Oberschule gewechselt. Aber sein Klassenfoto von der Einschulung kommt mir sofort bekannt vor. Nicht dass ich es je zuvor gesehen hätte, aber es sieht aus wie alle Klassenfotos aus jener Zeit. Fast alle auf dem Bild, egal ob Mädchen oder Jungs, tragen Schlaghosen, die meisten dazu Hemden oder Blusen mit beeindruckend großen Kragen.

Gerne erinnert sich Moritz an die vielen Besucher, die sie auf der Fischerinsel hatten. Bettina Wegner und Klaus Schlesinger waren oft da. Die Liedermacherin und der Schriftsteller, die später auch in den Westen gegangen sind, wohnten um die Ecke in der Leipziger Straße. Die Kunerts kamen regelmäßig, ebenso Christa und Gerhard Wolf oder die Schriftstellerin Helga Novak, die so herrlich unkonventionell war und immer aus der Reihe tanzte. Auch Günter Grass war mal zu Besuch. Da ging es wohl um irgendein deutsch-deutsches Schriftstellertreffen. Sarah war ja im Vorstand des Schriftstellerverbandes.

Dann kam die Biermann-Ausbürgerung und auch für Moritz sollte sich jetzt alles ändern. Die DDR-Führung hatte den unbequemen Dichter und Liedermacher Wolf Biermann im November 1976 ausgebürgert, ließ ihn, nach einer Konzertreise durch die Bundesrepublik, nicht wieder ins Land. Gegen die Ausweisung protestierten zwölf namhafte Schriftsteller, unter ihnen Volker Braun, Stefan Heym, Stephan Hermlin, Günter Kunert, Sarah Kirsch und Christa Wolf. »Sarah war die erste, die ihren Namen unter den Protestbrief geschrieben hatte«, präzisiert Moritz und »dass sie es als Bitte an die Staatsführung formuliert hatten, die Maßnahme gegen Biermann zu überdenken. Das war moderat formuliert. Es ging nicht mal um grundsätzliche Meinungs- und Pressefreiheit. Aber das war egal. Was folgte, war ein wütender Gegenschlag.« Tatsächlich hatte die SED-Führung nicht mit solchem Widerstand in der Biermann-Sache gerechnet. Zumal die wenigsten der prominenten Künstler zuvor als besonders unbotmäßig aufgefallen waren und die meisten zudem Parteimitglieder waren. Einige Tage nach der Biermann-Resolution wurden Sarah Kirsch und weitere Erstunterzeichner aus der SED ausgeschlossen. Kirsch flog obendrein aus dem Vorstand des Schriftstellerverbandes. Am Ende dieser Bestrafungen hatte die Staatsführung indes auf ganzer Linie verloren, und zwar das Vertrauen der ihr bis dahin nahestehenden Intelligenz und der Künstler. Hunderte Autoren, Musiker, Maler und Schriftsteller kehrten dem Land in den folgenden Monaten und Jahren den Rücken. »Und die Kinder auf der Fischerinsel sprachen plötzlich nicht mehr mit mir«, sagt Moritz.

Wirklich?

»Ja, es gab wohl ein regelrechtes Kontaktverbot, nach dem Motto: Haltet euch fern von dem!« Das hat ihm eine Freundin damals heimlich gesteckt. »Die zogen wirklich alle Register. Einerseits haben sie Sarah bedrängt, ihre Unterschrift zurückzunehmen, was andere Unterzeichner tatsächlich gemacht haben. Sie allerdings nicht. Gleichzeitig sind Tatsachen geschaffen worden. Es wurde nichts mehr von ihr veröffentlicht. Gerade noch sollte in der populären Lyrikreihe »Poesiealbum« eine Spezial-Ausgabe nur mit Texten von ihr erscheinen. Das Ganze war wohl sogar schon im Druck, wurde dann aber geschreddert.« Aus jener Zeit, meint Moritz, stammt auch das Foto, auf dem Sarah Kirsch auf dem Boden sitzt im Flur ihrer Wohnung auf der Fischerinsel. Das Bild hat etwas Metaphorisches. Die bedrängte Künstlerin hinter ihrer Wohnungstür, die sie von innen mit einem zusätzlichen Sicherheitsschloss und einer Kette gesichert hat. Wahrscheinlich ahnte sie, dass es in der Nachbarschaft neugierige Aufpasser gab. Trotzdem lächelt Sarah Kirsch auf dem Bild.

»Sie hatte tatsächlich einen unerschütterlichen Humor, auch in schwierigen Situationen«, erzählt Moritz. »Typisch für ihren Humor ist das Foto, das sie von innen auf die Wohnungstür geklebt hat. Es ist eine Aufnahme, auf der Erich Honecker und der damalige Sowjetführer Breschnew in Jägeroutfit zu sehen sind. Sarah fand das Bild urkomisch.«

Am 25. Juni 1977, einem Montag, notierte Sarah Kirsch in ihrem Kalender »Morgens (10.30) Brief im ZK abgegeben«. Von der Fischerinsel zum ZK, also zum Zentral-

Sarah Kirsch auf der Fischerinsel, fotografiert von Roger Melis

komitee der SED war es nicht weit. Sarah Kirsch musste lediglich über die Gertraudenbrücke gehen, anschließend einmal rechts und schon war sie da. Das ZK residierte in dem Gebäude, in dem heute das Bundesaußenministerium untergebracht ist. An der Rezeption nahm man den Brief, der an Honecker persönlich adressiert war, entgegen. Das Schreiben war knapp formuliert. Die Lyrikerin teilte darin mit, dass sie nach Westberlin übersiedeln wolle und übrigens im 17. Stockwerk wohne. »Klar, war das mit dem 17. Stock eine sanfte Drohung, sich vielleicht was anzutun«, gibt Moritz zu.

»Einige haben dann noch versucht, Sarah zum Bleiben zu bewegen, unter anderem Herr Mickel, der wohl im Auftrag gehandelt hat. Er selbst hatte die Biermann-Resolution ja nicht unterschrieben«, fügt Moritz spitz hinzu.

Zu sagen, dass Moritz Kirsch auf seinen Erzeuger nicht gut zu sprechen ist, wäre eine glatte Untertreibung. Moritz selbst sagt über sein Verhältnis zu dem Mann, der nie wirklich sein Vater war, dass Mickel nie Teil seines Lebens war und ihm schon als Kind klar war, dass sich daran auch nichts mehr ändern würde.

1986 haben sie sich ein letztes Mal gesehen. Christa Wolf hatte bei der SED-Führung durchgesetzt, dass ihre Freundin Sarah Kirsch und deren Sohn sie in der DDR besuchen durften. Bei der Gelegenheit traf Moritz seinen Vater. »Es war das erste Wiedersehen nach zehn Jahren. Wir hatten uns nichts zu sagen«, erinnert sich Moritz. »Aber Herr Mickel wollte wohl irgendwie trotzdem für einen Nachmittag den

Vater spielen und seinem Sohn einen Wintermantel kaufen, im Centrum-Warenhaus am Alexanderplatz. Allerdings, wie das so war in der DDR, gab es gerade nur Damenmäntel im Sortiment und selbst die nicht mal in meiner Größe.«

Am 28. August 1977 sind Moritz und Sarah Kirsch ausgereist. Ihren Sohn hatte die Dichterin in den Tagen davor zu ihrer Mutter nach Halberstadt geschickt. »Übrigens«, fällt Moritz da noch ein, »hatte die Stasi sogar versucht, meine Oma auszuspionieren. Die war nun wirklich ein völlig unpolitischer Mensch. Doch die Stasi meinte wohl, dass es irgendwelche Erkenntnisse bringen würde. Oma wohnte in einer Eisenbahnersiedlung dort in Halberstadt. Nach der Wende hat Sarah in den Akten gelesen, dass niemand dort in der Nachbarschaft bereit war zu spionieren oder auch nur irgendein schlechtes Wort über Sarah und ihre Mutter zu verlieren. Diese Loyalität der Nachbarn hat Sarah sehr berührt«, erinnert sich Moritz.

»Am Tag der Ausreise sind wir von der Fischerinsel zum Bahnhof Jannowitzbrücke gelaufen. Die Umzugskisten waren schon ein paar Tage vorher rübergebracht worden. Als wir im Tränenpalast am Abfertigungsschalter standen, hat zu guter Letzt noch ein Zöllner DDR-Münzen in Sarahs Jackentasche gefunden. Ostgeld auszuführen war ja verboten. Haben die ernsthaft gedacht, dass wir Alu-Chips in den Westen schmuggeln wollten?« Moritz ist noch heute fassungslos, wenn er an die Szene denkt und gesteht, dass sie in dem Moment Angst hatten, dass man sie in letzter

Sekunde doch nicht rauslassen würde. »Aber dann sind wir ein paar Minuten später in Charlottenburg, also in Westberlin, aus der S-Bahn gestiegen. Freunde holten uns ab. Bei denen konnten wir auch die erste Zeit wohnen und mussten zum Glück nicht in dieses Notaufnahmelager.«

Ein paar Tage vor meiner Reise nach Tielenhemme hatte ich unsere einstige Nachbarin von der Fischerinsel getroffen. Wir Ulrichs und sie wohnten viele Jahre Tür an Tür. Ihr Mann gehörte zum Hausmeister-Team der Fischerinsel. Der hatte, erzählte mir die Nachbarin, nach der Ausreise der Kirschs deren Wohnung renoviert. Damals war es noch nicht üblich, dass Mieter beim Auszug selber Malern mussten. Das übernahm die Hausverwaltung. Jedenfalls war die Wohnung fast komplett leergeräumt, bis auf einige Tonbandkassetten und ein Paar Kinderski. Die Ski habe ihr Mann dann mitgenommen für die eigenen Söhne. Die Kassetten sind wohl im Müll gelandet.

Ob er weiß, was es mit Ski und Kassetten auf sich hatte, frage ich Moritz. »Die Kassetten könnten von den Recherchen zu *Die Pantherfrau* stammen. Das ist ein Buch, in dem Sarah Frauen porträtierte, die sie vorher mit dem Kassettenrekorder interviewt hatte. Und die Ski könnten meine gewesen sein. Wir waren Anfang 1977 mal im Winterurlaub in der Hohen Tatra. Das war schon nach der Biermann-Ausbürgerung. Wenn ich mich richtig erinnere, sind wir in den Tagen dort sehr auffällig vom tschechoslowakischen Geheimdienst observiert worden, sozusagen im Auftrag der Genossen aus Ostberlin.« Die Skier, wenn es denn tatsächlich seine waren, hat er später nicht vermisst, meint er. Abgesehen davon ist die Gegend in Schleswig-Holstein, in der er jetzt seit fast vierzig Jahren lebt, auch nicht gerade klassisches Skigebiet.

Die Kirschs waren in den Sommerferien ausgereist. Einige Tage später schon fanden sie eine Wohnung in der Charlottenburger Witzlebenstraße. In der benachbarten Grundschule startete Moritz in sein drittes Schuljahr. »Den Namen Sarah Kirsch kannte dort an der Schule fast niemand. Ganz anders war das bei meinem Mitschüler Marcus. Dessen Vater war dieser berühmte Blödel-Barde Frank Zander. Den kannten alle dort. Der kam sogar mal für eine Autogrammstunde an unsere Grundschule.« Moritz klingt amüsiert, als er mir die Sache mit dem Sänger erzählt, der bei Mitschülern und Lehrern viel bekannter war, als die Schriftstellerin aus dem Osten.

Ich stelle mir vor, wie Sarah Kirsch und Frank Zander mal bei einer Elternversammlung nebeneinandergesessen haben. Die ernsthafte Dichterin und der Quatsch-Sänger. Heutzutage geht man nach Elternversammlungen gerne noch gemeinsam was trinken. Kirsch und Zander hätten nach anfänglichem Fremdeln in der Kneipe ganz sicher Gesprächsstoff gehabt. Die Sache mit ihren Vornamen zum Beispiel. Wenn Sarah erzählt hätte, dass sie ihren Nazi-Namen Ingrid nicht mochte, hätte ihr Zander vielleicht gebeichtet, dass er, Jahrgang 1942, mit drittem Vornamen Adolf heißt, was er inzwischen jedoch amtlich aus dem Melderegister hatte streichen lassen. Sein zweiter Vorname, Kurt, lieferte später dann die Vorlage für einen seiner größten Hits, in dem es heißt: »Hier kommt Kurt / Ohne Helm und ohne Gurt / Einfach Kurt, der nicht quängelt und nicht murrt«. Wie hätte wohl Sarah Kirsch, rein fachlich, unter Lyriker-Kollegen sozusagen, diese Zeilen beurteilt?

Aber Frank Zander gehörte wohl nicht zum engeren Freundeskreis der Dichterin. Stattdessen zogen Moritz und Sarah Kirsch schon wenige Monate später wieder um, dieses Mal nach Rom in die Villa Massimo. Die Villa ist eine offizielle Kultureinrichtung der Bundesrepublik. Künstlerinnen und Künstler werden dorthin zu Studienaufenthalten eingeladen, bekommen ein Stipendium und freie Kost und Logis.

Von Rom ging es zurück nach Westberlin, später für einige Zeit nach Niedersachsen. Bis Günter Kunert schließlich die bereits erwähnte Immobilienannonce in der Zeitung entdeckte. Kunert wohnte schon ein paar Jahre dort oben in Schleswig-Holstein, war ein alter Freund von Sarah Kirsch und neben ihr einer der wenigen ostdeutschen Dichter, die es auch nach der Ausreise in den Westen zu Erfolg und Anerkennung gebracht hatten.

Über die erste Zeit in Tielenhemme sagt Moritz Kirsch: »1983 sind wir in die alte Dorfschule eingezogen. Hier hat Sarah ihr Zuhause gefunden, in dieser wunderbaren Natur, mit den Haustieren, die wir hier hatten. Das waren ja nicht nur Schafe und Esel, sondern auch Katzen und Hunde. Anfangs waren oft noch andere Exil-Künstler zu Gast bei uns. Aber da wurde dann dauernd über die DDR gesprochen. Sarah ödete das immer mehr an. Sie hatte mit dem Kapitel abgeschlossen, lebte jetzt im Westen, wo sie auch bald wieder ihre Kämpfe ausfocht. Das Bundesverdienstkreuz hat sie zum Beispiel in den achtziger Jahren abgelehnt, mit Verweis auf NS-Verstrickungen des damaligen Bundespräsidenten Carstens.«

Während Sarah Kirsch in ihrem Schreibzimmer unterm Dach der alten Dorfschule jeden Morgen und Vormittag Gedichte und Prosatexte schrieb, machte Moritz Abitur und studierte anschließend in Kiel, »übrigens deutlich länger als in der Regelstudienzeit«, wie er bemerkt. Später war er dann der Sekretär seiner Mutter.

»Hier in Tielenhemme hat Sarah ihre glücklichste Zeit gehabt«, wiederholt ihr Sohn noch mal. »Die ersten zehn Jahre hat ja auch der Komponist Wolfgang von Schweinitz hier gelebt, den Sarah in Rom kennengelernt hatte. Er war derjenige unter Sarahs Männern, mit dem ich mich am besten verstanden habe.« Von Schweinitz lebt heute in Südkalifornien, hat dort eine Professur, Moritz und er telefonieren gelegentlich.

Sarah Kirsch war im Mai 1990 nochmal auf der Fischerinsel. An Christa Wolf berichtete sie anschließend von einem »Albtraum … Hausmitteilungen der PDS am schwarzen Brett und alles stinkt.« »Ja«, meint Moritz, »sie hatte an den Ort vor allem unangenehme Erinnerungen.« Nach allem, was Moritz mir erzählt hat, leuchtet mir das ein. Die Fischerinsel war für Sarah Kirsch ein Ort der Enttäuschungen. Hier hatte sie gehofft, die Liebe von Moritz Vater festhalten zu können und war gescheitert, ebenso wie an der folgenden großen Liebe, der zu einem Westberliner Lyriker. Später hat sie mit dem Hochhaus in Berlin-Mitte diese beiden unglücklichen Lieben verbunden und natürlich die bleischweren Monate vor ihrer Ausreise.

Moritz, das hatte ich in einem Zeitungsinterview gelesen, schreibt an einem Roman. Wie weit er denn mit dem Werk ist? Naja, winkt er ab, er käme da wohl sehr nach seiner Mutter, die hat nie einen Roman geschrieben, sondern stets die kurze Form bevorzugt. Er habe zwar schon 280 Seiten beieinander, sei dann aber irgendwie stecken geblieben. Jetzt plant er zwei andere Bücher. In dem einen soll es um seine eigenen Kindheitserinnerungen gehen. »Wobei das keine klassische Autobiografie werden soll, sondern was ganz Subjektives, so in der Art. Im anderen Buch soll es um Kurzgeschichten gehen.« Im Übrigen sei er ja regelmäßig in Berlin. Wir könnten uns doch mal auf der Fischerinsel treffen, schlägt Moritz Kirsch vor.

Donnerwetter! In seinem Brief an mich hatte er doch geschrieben, dass er sich auf keinen Fall auf der Fischerinsel treffen wolle, weil er an die Zeit dort keine guten Erinnerungen habe. Vielleicht hat ihn dieser Nachmittag heute, mit den Erinnerungen an die Zeit in der Hochhaussiedlung, einfach selbst überwältigt. Vielleicht war die Fischerinsel für ihn nie ein solches Problem, wie für seine Mutter. Er war gerade mal acht Jahre alt, als sie dort wegzogen. Vielleicht hatte er sich als Sarah Kirschs Nachlassverwalter in allen Lebensfragen dieses Fischerinsel-Verbot irgendwann selbst auferlegt.

Ich nehme die Einladung jedenfalls gerne an und verabschiede mich mit den Worten: »Dann bis demnächst in Berlin. Ich versuche bis dahin mehr über den Verbleib der Kinderskier in Erfahrung zu bringen.«

Kersten

Wir treffen uns in einem italienischen Restaurant in Grünau – und stellen fest, dass wir uns noch nie gesehen haben. Jedenfalls können wir uns nicht aneinander erinnern, obwohl wir doch in den Siebzigern Nachbarn waren. Kersten, Jahrgang 1966, ist der Sohn unserer damaligen Nachbarin. Er ist sechs Jahr jünger als ich. »Das ist wohl auch der Grund dafür, dass wir uns als Kinder nicht füreinander interessiert haben«, meint Kersten. Obwohl mir seine Augenfarbe hätte auffallen müssen, dieses beeindruckende Blau. Kersten trägt zu den tiefblauen Augen kurze blonde Haare, im linken Ohr einen Silberring, aus seinem Hemd schaut eine schwere Silberkette hervor, am linken Ringfinger trägt er einen breiten Goldring, seinen Ehering, wie ich später erfahre.

An Skier von Moritz Kirsch kann er sich nicht erinnern. Er ist niemals in seinem Leben Ski gefahren. Vielleicht hat sein kleiner Bruder die Dinger mal benutzt. Oder seine Eltern haben sie weiter verschenkt. Während Kersten über den möglichen Verbleib der Schneeschuhe spricht, staune ich noch immer, dass ich mich an diesen Nachbarsjungen nicht erinnern kann. Vielleicht habe ich ihn damals einfach auch wenig zu Gesicht bekommen. Kersten, erfahre ich, verbrachte viel Zeit in seinem Kinderzimmer, las und war Mitglied im Mathe-Club der Schule. Schon frühzeitig hatte er beschlossen, später Mathematik- und Physiklehrer zu werden und in der siebten Klasse war er einer der besten Schüler an der 15. POS.

Seine guten Noten hatten Folgen. Als Dreizehnjähriger reiste er für drei Wochen nach Algerien. Den Trip in das nordafrikanische Land hatte der Patenbetrieb spendiert. Betriebe waren damals angehalten, Patenschaften für Schulen zu übernehmen.

Praktisch bedeutete das vor allem, dass Kinder und Jugendliche bei Exkursionen in den Patenbetrieb ein bisschen vom Alltag in der Arbeitswelt mitbekamen. Die Patenbetriebe spendierten zudem kleine Geschenke zum Schuljahresabschluss oder schickten auch schon mal einen Kollegen als Begleiter mit auf eine Klassenfahrt. Pate unserer Schule war der Volkseigene Betrieb INEX. Die vier Buchstaben standen für Industrieanlagen-Export. Ihre Firmenzentrale hatten die Industrieanlagen-Exporteure in der Köpenicker Straße, nicht weit entfernt von der Fischerinsel. Was wir dort vom praktischen Alltag in der Arbeitswelt zu sehen bekamen, beschränkte sich auf Büroalltag, war also nicht sehr spannend.

Angenehm ist mir allerdings ein Nachmittag in Erinnerung, den wir Schüler dort in einem großen Konferenzraum verbrachten. Ein Vertreter des Betriebes erzählte uns Sachen, die ich längst vergessen habe, nicht aber, dass uns unsere Paten bei dieser Gelegenheit reichlich Vita Cola und große Tabletts mit Schokoladenkeksen spendierten.

Für die Sommerferien 1980 hatten sie sich bei INEX etwas Besonderes ausgedacht. Da sie gerade ein großes Industrieprojekt in Algerien errichteten, vereinbarten sie mit ihren algerischen Partnern, jeweils zwanzig Kinder die Ferien im anderen Land verbringen zu lassen. INEX schickte neunzehn Kinder von Betriebsangehörigen übers Mittelmeer. Einen Platz spendierten sie unserer Schule, als Auszeichnung für gutes Lernen. Die Wahl der Schule fiel auf Kersten.

»Das war schon eine große Sache«, beschreibt er sein damaliges Gefühl. »Ganz abgesehen davon, dass man als DDR-Bürger normalerweise gar nicht nach Algerien konnte, waren große Auslandsreisen für unsere Familie gar nicht denkbar. Meine Mutter war einfache Verkehrspolizistin, mein Vater Hausmeister. Da waren auch die Reiseziele entsprechend bodenständig.« Jedenfalls hatte er, als Dreizehnjähriger, nun einen Reisepass in der Hand. Da stand drin, das hat er sich gemerkt: »Gilt für alle Länder und Westberlin«. Reisepässe hatten die wenigsten Leute damals. Wozu auch, wenn man sowieso nicht reisen durfte. Selbst Rentner, die dreißig Tage pro Jahr in den Westen fahren konnten, mussten ihren Pass nach jeder Reise wieder in der Meldestelle der Volkspolizei abliefern.

Jedenfalls landete Kersten in Algier, reiste drei Wochen durchs Land, sah verschleierte Frauen und lernte die Eigenheiten der algerischen Toiletten kennen. »Das waren Klos, bei denen unten in der Keramik zwei Fußabdrücke eingearbeitet sind. Das war anfangs etwas gewöhnungsbedürftig. Unangenehmer allerdings war, dass in dem Schulgebäude, in dem auch dreihundert algerische Kinder ihre Ferien verbrachten, oft der Strom ausfiel, was auch Auswirkungen auf den Wasserdruck hatte und die Toiletten dadurch bald ganz fürchterlich aussahen und gestunken haben.« Trotzdem sei es eine großartige Erfahrung gewesen für ihn und er hatte dann noch eine Zeit lang algerische Brieffreunde. Die Französisch-Lehrerin half ihm die Post zu übersetzen.

Irgendwann in den Achtzigern schleppte dann die Großmutter einen Commodore-Computer aus dem Westen an. So was hatte damals fast niemand. Kersten schrieb seine ersten Programme. Abi machte er an der Max-Planck-Oberschule in Berlin-Mitte, die auf ihren naturwissenschaftlichen Schwerpunkt Wert legte. Gelegentlich heißt es, der Unterricht in Mathe, Physik und in den anderen Naturwissenschaften sei in DDR besser gewesen, als der in der Bundesrepublik. Die Schüler hätten in diesen Fächern mehr gelernt, als ihre Altersgenossen zwischen Helgoland und Zugspitze. Trotzdem gab es natürlich auch im Osten Nieten, wie mich, die keinen Schimmer von Mathe und Physik hatten.

Andererseits gab es die Schlauen, wie Kersten oder wie Kasi, den ich während meiner Armeezeit in Eggesin kennenlernte. Kasi war ein netter, freundlicher Typ. Er und ich dienten gemeinsam im Stab der 9. Panzerdivision. Dass Kasis Eltern in den fünfziger Jahren aus Hamburg in die DDR übergesiedelt waren, um für die Evangelische Kirche eine Pfarrstelle in Templin zu übernehmen, und seine ältere Schwester später mal Bundeskanzlerin werden würde, ahnte ich damals natürlich nicht. Kasi wusste es ja selbst nicht.

Kersten am Computer auf der Fischerinsel in den Achtzigern

Nach Dienstschluss saßen wir oft gemeinsam in unserer Soldatenstube und schrieben Briefe. Während ich Liebesbriefe an meine Freundin verfasste, formulierte Kasi komplizierte Mathe-Aufgaben, die er an hochbegabte Schüler überall im Land verschickte, mit denen er im regelmäßigen Briefwechsel stand.

Wenn er deren Antworten studierte, kicherte er manchmal, wenn einer seiner Schüler einen verblüffenden Lösungsweg gefunden hatte. Kasi hat dann in Leipzig Physik studiert, später folgte die Habilitation. Inzwischen lebt Kasi seit vielen Jahren in der Nähe von Frankfurt am Main, seine Schwester Angela dagegen gar nicht weit entfernt von der Fischerinsel.

Auch für Kersten ging es nach dem Abi erstmal zum Wehrdienst, kurz zuvor hatte er sich verlobt, die junge Frau sich jedoch bald darauf von ihm getrennt. »Bei der Armee hatte ich dann zum ersten Mal etwas mit einem Mann«, erzählt er. »Aber bis zum Coming-out hat es noch gedauert. Das war für einen Schwulen damals in den achtziger Jahren auch noch schwerer, als es heute ist.« Also zog Kersten nach dem Armeedienst erstmal zu Hause auf der Fischerinsel aus und begann, Informatik an der Humboldt-Universität zu studieren. Für einen Studenten in der DDR war er zu dem Zeitpunkt mit dem Commodore, den die Oma aus dem Westen mitgebracht hatte, super ausgestattet. Als die D-Mark kam, legte sich Kersten sofort einen noch besseren Rechner zu. Bevor es das neue Geld gab, geschahen allerdings noch zwei andere Dinge: Der Mauerfall und Kerstens Coming-out.

Tatsächlich hatten das weltgeschichtliche Ereignis vom 9. November 1989 und Kerstens Bekenntnis zu seinem Schwulsein miteinander zu tun. Sofort nach Öffnung der Grenzen hatte die Familie Kontakt geknüpft zum Großcousin in Kreuzberg. Der wohnte in der Adalbertstraße, von der Fischerinsel nur ein Fußweg von fünfzehn Minuten. Jedenfalls wurde der alleinstehende Großcousin nun regelmäßig besucht, auch am ersten Weihnachtsfeiertag 1989. Es gab Kaffee und Kuchen, später Bier und Wein. Irgendwann verabschiedeten sich die Eltern nach Hause auf die Fischerinsel. Als Kersten und der Großcousin alleine waren, schaute ihn der andere an und stellte fest: »Wir beide sind schwul, oder?«

Kersten hat darauf mit »Ja« geantwortet und ist anschließend schwer betrunken nach Hause gewankt. Er wohnte in einer Ein-Zimmer-Wohnung, nicht weit von der Fischerinsel entfernt.

Am nächsten Tag wollten sich alle zum Gänsebraten bei den Eltern treffen. Großcousin und Kersten jedoch waren noch so verkatert, dass sie absagten. Kersten musste dafür runter zu einer Telefonzelle. Der Großcousin hatte Kerstens Mutter am Telefon noch beiläufig mitgeteilt »Übrigens Kersten und ich sind schwul.« Die Mutter hat ihren Sohn monatelang nicht darauf angesprochen und ihrem Mann erzählte sie schon gar nichts davon.

Kersten machte unterdessen seine ersten schwulen Erfahrungen, abgesehen von der Geschichte damals bei der Armee. Jetzt gab es die großen Stadtmagazine, die alle vierzehn Tage erschienen, und in denen es Anzeigen gab, die mit »m/m« überschrieben waren, »Mann sucht Mann«. Kersten verabredete sich mit dem einen oder anderen. Schon beim dritten Date traf er seine erste große Liebe. Sie blieben viele Jahre ein Paar und sind noch heute befreundet, sagt Kersten.

Doch seine Homosexualität war in der Familie offiziell noch immer kein Thema.

Im Sommer 1990 saßen sie dann wieder mal bei einer Familienfeier auf der Fischerinsel zusammen, als der Großcousin, wie Monate zuvor, beiläufig fallen ließ, dass er und Kersten schwul seien. Jetzt wussten alle Bescheid. Kersten hatte ein bisschen Bammel gehabt, wie vor allem der Vater regieren würde. Der Hausmeister war gelernter Bauarbeiter und man wusste ja, wie Bauarbeiter über Schwule reden. Doch Kerstens Vater war ganz und gar nicht geschockt, vielleicht hatte er auch etwas geahnt. Jedenfalls haben Mutter und Vater dann auch bald den Freund ihres Sohnes in ihr Herz geschlossen.

Kersten war dreiundzwanzig, als er sich zu seinem Schwulsein bekannte. Dass die Familie so schnell davon erfuhr, meint Kersten, »das ist der Initiative des Großcousins zu verdanken. Wäre der nicht gewesen, hätte ich für den Schritt möglicherweise noch einige Zeit gebraucht. Ich war deshalb auch zu keinem Zeitpunkt sauer auf ihn. Im Gegenteil.«

Inzwischen ist mein einstiger Nachbar aus der Fischerinsel sechs seit vielen Jahren verheiratet. Kennengelernt hat er seinen Mann auf Bali. »Gleich am ersten Abend dort haben wir uns gesehen und es hat gefunkt.« Geheiratet wurde im Rathaus Köpenick. Nicht weit davon hat Kerstens Mann sein Massage-Studio. Sie wohnen in Köpenick, direkt am Wasser. Vor ein paar Jahren haben sie sich ein Motorboot gekauft. Wobei lange Bootstouren nicht in Fragen kommen. »Mein Mann ist nun mal Asiate. Und da mag er es nicht, stundenlang in der Sonne rumzufahren«, erklärt Kersten lächelnd. »Also geht's mit dem Boot immer schnurstracks zu irgendeiner ruhigen Stelle und dann wird der Sonnenschirm aufgeklappt.«

Kersten hat nach der Wende zu seiner sexuellen Identität gefunden. Sein Informatik-Studium schloss er mit besten Noten ab und arbeitete dann viele Jahre bei einem großen

Software-Unternehmen in Nürnberg. Inzwischen ist er bei einer Berliner Firma. Software-Fachleute sind gefragte Experten. Man verdient sehr gut. Auf der Fischerinsel sind er und sein Mann regelmäßig. Die Mutter wohnt ja dort. Über die Skier von Moritz Kirsch hat er nochmal nachgedacht. Er selbst ist wirklich niemals Ski gefahren. Er mag zwar in Mathe und Physik gut gewesen sein, in Sport aber hatte er immer nur eine Drei. Wir verabschieden uns auf dem Parkplatz neben dem Restaurant. Kersten fährt in seinem BMW davon. Es ist eins der gehobenen Modelle.

Nele

Am Klingelschild neben der Wohnungstür stand »Prof. Dr.«. Gleich würde ich die Wohnung eines echten Professors betreten, war mir damals durch den Kopf gegangen. Der einzige, den ich bis dahin kannte, war kein echter, sondern nur »Professor Flimmrich«, der jeden Samstagnachmittag in seiner »Flimmerstunde« im DDR-Fernsehen einen Kinderfilm zeigte. Flimmrich hieß eigentlich Walter E. Fuß und war Schauspieler und eben kein echter Professor. Bei Neles Vater lagen die Dinge anders. Nele war die beste Freundin von Annette, von der ja schon die Rede war. Annette, die Tochter des berühmten West-Schauspielers. Nele wohnte mit ihrer Schwester und den Eltern in der Fischerinsel eins.

Auf unserem Klassenfoto ist sie die vorne in der Mitte. Das Mädchen mit der Brille, das ernst und irgendwie skeptisch am Fotografen vorbeischaut. Nele und ich sind die beiden einzigen Kinder auf dem Foto, die eine Brille tragen. Abgesehen von Donald mit seiner Sonnenbrille.

Seltsam, dass Nele und ich damals nicht enger befreundet waren. Nicht nur, weil wir beide Brillenträger, sondern auch beide eher stille Typen waren.

Einmal habe ich sie zu Hause besucht, und bei dieser Gelegenheit das erwähnte Namensschild registriert. Bei Nele sah es so aus, wie ich mir eine Professorenwohnung vorgestellt hatte. Bücherregale an allen Wänden und bis unter die Decke. Oder bilde ich mir das im Nachhinein ein, weil Professoren immer Bücher bis unter die Decke haben?

»Nee nee, das sah wirklich so aus bei uns«, nickt Nele. Wir sitzen bei gemütlichem Licht in ihrer kleinen Friedrichshainer Küche. Nele hat Tee gekocht. Auf dem Tisch stehen Schälchen mit Käse, Oliven, Weintrauben und Weißbrot.

Hatte dein Vater nicht irgendwas mit Schauspielerei oder Film zu tun?

»Ja, stimmt«, meint Nele. »Mein Vater war Professor an der Filmhochschule in Potsdam. Einige Jahre lang war er sogar Rektor. Das war die Zeit, als wir auf die Fischerinsel gezogen sind. Aber kurze Zeit später ist mein Vater gesundheitlich zusammengeklappt. Die Arbeitsbelastung war einfach zu groß. Auch der Fahrtweg war ja viel länger geworden. Vorher wohnten wir in Kleinmachnow. Von dort war es eine Viertelstunde zur Filmhochschule. Als wir dann auf der Fischerinsel wohnten, musste mein Vater jeden Tag um Westberlin drumherum fahren zur Filmhochschule Potsdam-Babelsberg. Jeden Tag ist er da mit seinem Chauffeur im Wolga hin und her gefahren.«

Nele war das stillste Kind in unserer Klasse. Oder täusche ich mich da nach fast fünf Jahrzehnten? »Nein, ich war die Stillste und eine totale Landpomeranze. Ich kam ja sozusagen aus der ländlichen Idylle. Die Berliner dagegen waren alle die totalen Großfressen. Obendrein war es im Klassenraum entsetzlich voll. Wenn ich mich richtig erinne-

Nele in den siebziger Jahren

re, waren wir zeitweilig 45 Schüler in der Klasse. Anfangs musste ich deshalb auf der Fensterbank sitzen, weil es nicht genug Stühle und Tische gab.«

Wer ihr aus unserer Fischerinsel-Schulklasse besonders in Erinnerung geblieben ist, frage ich. Thomas fällt ihr als Erster ein, der schon in der fünften Klasse groß und breitschultrig war, wie ein Zehntklässler. Und natürlich Peter aus der Fischerinsel zehn, der den Mädchen gerne mit einem Strohhalm ein Gemisch aus Spucke und Senfkörnern in die Haare blies. Das Zeug verklebte die Haare dann ganz eklig. Ann-Maren fällt ihr noch ein, die mit den schönen langen blonden Haaren, die hat ja auch bei ihr im Haus gewohnt. Ich erzähle Nele, dass ich mir damals einbildete, Ann-Maren sei Schwedin, wegen ihrer blonden Haare und ihres skandinavischen Namens. Nele grinst, hat aber auch keine Ahnung, wo Ann-Maren abgeblieben ist.

Nele hat uns alle in der Klasse fürs Theater begeistert. Irgendwann schlug sie vor, ein Theater-Abo abzuschließen. Jeden Monat ging es dann in ein anderes Theater oder in die Oper. Mit zwölf sahen wir im Berliner Ensemble »Mutter Courage und ihre Kinder«, als Dreizehnjährige erlebten wir Carl Maria von Webers »Freischütz« in der Staatsoper. Unseren Theater-Höhepunkt, da sind sich Nele und ich einig, bescherte uns das Deutschen Theater mit »Die neuen Leiden des jungen W«. Das Stück beruhte auf einer Vorlage von Ulrich Plenzdorf. Es ist die Geschichte des siebzehnjährigen Edgar Wibeau, der aus der Provinz nach Berlin aufbricht, der unangepasst und aufmüpfig ist und für den Jeans eine Weltanschauung sind. Das mit den Jeans gefiel uns besonders. Auch für uns waren Jeans – und zwar richtige, nicht die aus der Jugendmode – mehr als ein Kleidungsstück. In der Rolle des Edgar Wiebeau sahen wir den großartigen Dieter Mann, dem wir den jugendlichen Draufgänger gerne abkauften, obwohl er schon Mitte dreißig war.

Nele ging nicht nur zu den Aufführungen ins Theater, »sondern oft einfach so«, wie sie sagt. Sie saß manchmal stundenlang in den Theater-Kantinen herum, nur um die Atmosphäre zu genießen. Für sie war klar, sie wollte Dramaturgin werden.

Nach dem Abitur wollte sie Theaterwissenschaften an der Uni Leipzig studieren, so war ihr Plan. Doch ihre Mutter intervenierte: »Auf keinen Fall Leipzig, hat sie gesagt. Die hatte selbst dort studiert und hasste die Stadt. Und dann habe ich mich gefügt.«

Was hatte die Mutter gegen die sächsische Metropole? Leipzig gilt heute als eine der attraktivsten Städte in Deutschland, mit großartiger Innenstadt, coolen Studenten- und Künstlervierteln, wie Connewitz oder Plagwitz. Leipzig ist eine lebenswerte Stadt für junge Familien. Es gibt große Parks und wunderbare Seen rings um die Stadt. Sogar Bundesliga-Fußball wird, dank eines österreichischen Getränkeherstellers, inzwischen in Leipzig gespielt.

Ich ahne, was Neles Mutter nicht mochte an Leipzig. Als Student habe ich in den achtziger Jahren dort gelebt. Die Stadt war grau und kaputt, aber das waren ja alle Städte im Land. Leipzig allerdings roch obendrein auch noch schlecht, nach den Ausdünstungen der Chemiekombinate und Brikettfabriken in der mitteldeutschen Tiefebene. Es war ein Gestank, wie von faulen Eiern, der an vielen Tagen aus Leuna, Böhlen oder Espenhain herüber wehte.

Nele entschied sich für ein Filmproduktionsstudium in Potsdam und landete anschließend beim DEFA-Dokumentarfilmstudio, »was im Nachhinein spannender klingt, als es war«, meint sie. Oft drehten sie nur kleine Landschafts- und Naturfilmchen als Pausenfüller fürs Fernsehen. Kurz vor der Wende ist sie dann doch noch ans Theater gekommen, übernahm die Öffentlichkeitsarbeit an der Greifswalder Bühne, und wurde anschließend tatsächlich Dramaturgin, in Senftenberg.

Die Bühne in der südbrandenburgischen Stadt – das Theater der Bergarbeiter – hatte einen vorzüglichen Ruf. In Senftenberg spielten sie Klassiker von Shakespeare bis Brecht, aber ebenso die modernen, streitbaren DDR-Autoren, wie Heiner Müller oder Volker Braun. Auf der Bühne standen dort Größen, wie Armin Müller-Stahl, Ulrich Thein, Rolf Römer oder Annekathrin Bürger. Einer von Neles Vorgängern als Dramaturg in Senftenberg war Frank Castorf.

Nele heuerte dort im Sommer '89 an. Da war sie schon schwanger von Ulf, dem Musiker, vom dem sie sich eigentlich schon hatte trennen wollen. Mit dem Kind im Bauch sind sie dann doch zusammengeblieben, erstmal.

Am 7. Oktober ist sie mit tausenden anderen Demonstranten zum Palast der Republik gezogen, wo an jenem Abend der Festakt zum 40. Jahrestag der DDR stattfand, unter den Gästen Sowjetführer Michael Gorbatschow. Sie war keine Widerstandskämpferin, meint Nele, aber im Herbst damals hatte sie die Hoffnung, dass die DDR vielleicht doch noch reformierbar ist, hin zu einem wirklichen Sozialismus. Am 15. Oktober ist Sophie zur Welt gekommen, ihre Tochter. Kurz darauf war endgültig Schluss mit Ulf und einige Zeit später auch am Theater.

»Die hatten einen neuen Intendanten und der wollte mich wohl loswerden und verlangte, dass ich künftig nicht mehr pendele, sondern dauerhaft in Senftenberg wohnen und arbeiten sollte.

Aber mit dem Baby dort hinziehen, zwischen die Chemie- und Brikettfabriken, das wollte ich nicht.«

Also stürzte sie sich kurzentschlossen in eine Umschulung zur Medienexpertin. Gemeinsam mit anderen früheren Theater- und Filmleuten lernte sie Dinge über das Mediensystem in der BRD, über Medienrecht und Produktionsabläufe bei Zeitungen oder Werbeagenturen. Bei zwei Westberliner Filmproduktionsfirmen hatte sie anschließend Vorstellungsgespräche. In beiden Fällen wurde sie gefragt, wie sie sich das vorstellen würde, Mutter eines Kleinkindes zu sein und zugleich arbeiten zu wollen? Ob sie so eine Art Rabenmutter wäre? Nele verstand nicht, was die Leute von der Agentur meinten. Warum sollte eine Frau denn nicht arbeiten UND Kinder haben? In welcher Steinzeit lebten die denn? Abgesehen davon hatte sie schließlich einen Krippenplatz. Tagesbetreuung für einjährige oder zweijährige Kinder schienen die nicht zu kennen.

Schließlich gab ihr jemand den Tipp mit dem Düsseldorfer Marktforschungsinstitut. Die würden jemanden suchen. Sie hat dort einfach angerufen, ist hingefahren und diesmal liefs besser. Vielleicht lag es daran, dass ihre künftige Chefin dort eine Österreicherin war und Ösis und Ossis sich in manchem möglicherweise ähnlich sind. Erst später erfuhr Nele, dass sich die Mutter jener Österreicherin nach dem Krieg in Wien allein mit drei Kindern durchgekämpft hatte. Die Frau hatte sofort Sympathie für die Mutter aus dem Osten. Nele lernte, dass ein »Institut« nicht unbedingt eine hochwichtige akademische Einrichtung sein musste, so wie sie es zuvor aus der DDR kannte. Im Westen konnte jeder, der wollte, ein Institut gründen. So nannten auch die

Düsseldorfer Marktforscher ihren Laden »Institut«. Die Neue aus dem Osten organisierte die sogenannte Feldforschung, verschickte Fragenbögen, wertete Ergebnisse aus und hatte bald darauf sogar einen Betreuungsplatz bei einer Tagesmutter. »Das war Anfang der neunziger Jahre in Nordrhein-Westfalen wie ein Sechser im Lotto«, erinnert sich Nele, »denn Kindergärten gab es dort erst für Kinder ab vier Jahre«. Bald darauf fand sich auch eine preiswerte Wohnung in einem Mehrfamilienhaus. Das ältere Pärchen, das in der Wohnung darunter wohnte, war anfangs etwas besorgt, dass Neles Tochter Lärm machen würde. »Hat sie aber nicht und bald waren die alten Leutchen ganz vernarrt in die Kleine. Nur einmal«, erinnert sich Nele, »sind die und ich etwas aneinandergeraten. Als die Nachbarn mich fragten, warum ich meine Tochter denn nicht im christlichen Glauben erziehen würde? Denen«, sagt Nele und schaut mich grimmig an, »denen habe ich zu verstehen gegeben, dass sie das nichts angeht, absolut nichts.«

Später sind Mutter und Tochter nach Köln gezogen. Nele arbeitete für eine Filmproduktionsfirma, wechselte dann zu einer Hörfunk-Agentur, bei der sie noch heute beschäftigt ist.

Die Fischerinsel war stets weiterhin ein wichtiger Ort in ihrem Leben und auch in dem ihrer Tochter. Bis vor ein paar Jahren wohnten schließlich Oma und Opa noch in der Nummer eins. Jedes Mal, wenn Nele in Berlin war, spürte sie, dass sie eigentlich hierher gehört, hier in der Stadt hat sie ihre Wurzeln.

Auch ihre Tochter ist gleich nach dem Abi aus dem Rheinland nach Berlin gegangen, hat Jura studiert, arbeitet in einem Bundesministerium, ihr Mann ist beim Auswärtigen Amt. Demnächst treten die beiden gemeinsam einen Job an einer deutschen Botschaft an.

Inzwischen pendelt Nele schon seit einigen Jahren zwischen Berlin und Köln, arbeitet jeweils vierzehn Tage an dem einen Ort, um anschließend für zwei Wochen an den anderen zu wechseln. Klaus, mit dem sie schon zwanzig Jahre zusammen ist, ist gebürtiger Rheinländer, fest verwurzelt, mit Freunden und Verwandten in Köln, Leverkusen und Aachen. »Ist nicht ganz einfach«, meint Nele lakonisch.

Als wir zum Schluss noch mal unser Klassenfoto von 1971 betrachten, ruft Nele plötzlich: »Die Stirn mit den dunklen Haaren, schräg hinter mir, in der letzten Reihe, das ist Sabine. Man sieht sogar noch die Zöpfe an den Seiten. Die durfte doch damals kein Abitur machen, obwohl sie sehr gute Noten hatte. Hieß es nicht, dass die Familie irgendwie einen kirchlichen Hintergrund hatte und sie deshalb nicht auf die Oberschule durfte?«

Sabine

Immer mehr Schüler in Deutschland machen Abi, inzwischen über vierzig Prozent eines Jahrganges. In Berlin und Brandenburg liegt die Quote sogar bei sechsundvierzig, Spitzenreiter ist Hamburg mit über fünfzig Prozent. In der DDR waren es gerade mal fünfzehn Prozent eines Jahrganges, zehn Prozent am Gymnasium, das damals Erweiterte Oberschule hieß, weitere fünf Prozent hatten die Möglichkeit, eine Berufsausbildung mit Abitur zu absolvieren. Die Zahlen waren staatlich vorgegeben. Auf die EOS – gesprochen Eh-Oh-Ess – wechselte man nach der achten Klasse, in den achtziger Jahren sogar erst nach der zehnten. Das Land brauchte weniger Akademiker, als wir heute, dafür aber viele ausgebildete Facharbeiter. In den oft veralteten Fabriken waren zudem noch massenhaft einfachste Tätigkeiten zu verrichten, für die man nicht studiert haben musste. Manch Jugendlicher hatte wohl auch keine Lust aufs Abi, weil es sich auch ohne Hochschulstudium ganz gut verdienen ließ. Schließlich waren die Einkommensunterschiede zwischen Facharbeitern und Akademikern gering. Das meiste Geld machten ohnehin nicht die Akademiker, sondern Handwerker, Kellner oder Taxifahrer wie Jörg, von dem hier schon die Rede war und der es monatlich auf 2.200 Mark plus 500 D-Mark brachte.

Weil nur jeder zehnte Schüler auf die EOS gehen durfte, wurde streng ausgewählt. Für die Zulassung galten neben einem Notendurchschnitt von 1,7 oder besser auch politische Kriterien. So half es zum Beispiel, sich in der Jugendorganisation FDJ zu engagieren und als Berufswunsch »Offizier« oder »Lehrer« anzugeben. Oppositionell eingestellten und kirchlich engagierten Jugendlichen wurde der Weg an die EOS hingegen oft verwehrt. War das damals auch Sabine passiert? Nele und ich meinten uns daran zu erinnern. Sabine war eine der Besten in unserer Klasse, hatte einen Notendurchschnitt von 1,1. Zwar war sie uns nie als aufmüpfige Oppositionelle aufgefallen, aber die Eltern, hieß es, waren wohl engagierte Christen. Genau sowas konnte einem den Weg zum Abi verbauen, damals.

Sabine wohnt seit einigen Jahren in einem schicken weißen Mehrfamilienhaus in Alt-Hohenschönhausen. Das kleine Wohnviertel ist erst vor einigen Jahren errichtet worden, es ist grün und ruhig hier. Ich klingele bei meiner einstigen Nachbarin. Das waren wir schließlich in der Fischerinsel sechs. Sie wohnte ganz oben, in der zwanzigsten Etage, ich ganz unten. Sabine hat den Couchtisch im gemütlichen Wohnzimmer gedeckt. Es gibt Bienenstich, Erdbeertorte sowie Vanilleschnecken und dazu Kaffee und Wasser. Ich fühle mich sofort wieder wohl in ihrer Nähe, wie vor fünfzig Jahren. Sabine war die, die Ruhe ausstrahlte in unserer Klasse, natürliche Autorität und Vernunft. Sie war der Anker, den es in jeder Gruppe gibt.

»Ja, sehr gut beschrieben, so bin ich bis heute«, lacht meine Gastgeberin. Sie hätte ja damals auf der Fischerinsel gerne mal verrückte Sachen gemacht. Aber sie war dafür einfach immer zu vernünftig. Vernunft klingt sehr protestantisch. Soll ich gleich jetzt zu Beginn nach der Sache mit der EOS und der Kirche fragen?

Aber da ist Sabine in ihrer Erzählung bereits bei dem Schock, den sie damals erlitten hat, als sie mit ihrer Schwester und den Eltern auf der Fischerinsel landete. Ihre Mutter war technische Zeichnerin, der Vater Sicherheits-Inspektor in einem großen Bauunternehmen. Um eine Neubauwohnung zu ergattern, hatten die Eltern unzählige Aufbaustunden geleistet, meint Sabine sich zu erinnern. Von dieser Variante, an eine der attraktiven Wohnungen auf der Fischerinsel zu kommen, höre ich zum ersten Mal. Aber zurück zu den Schocks. Denn genau genommen waren es mehrere, die sie auf der Fischerinsel erlebte. Sie kam aus Friedrichshagen, dem Köpenicker Ortsteil, wo man schnell im Wald war oder am Ufer des Müggelsees. »Die Umstellung fiel mir sehr schwer«, erinnert sich Sabine. »Kein Wald, kein See, nur so ein kleiner Park, wo sich die älteren Jugendlichen trafen und heimlich rauchten. Von jetzt auf sofort war ich vom Stadtrand mitten in die City verpflanzt worden und dann auch noch in die zwanzigste Etage! Beim Blick von dort oben konnte es einem anfangs echt schwindelig werden. Besonders mulmig war das Gefühl auf dem Balkon.« Obwohl der ja eine hohe Brüstung hatte, wollte sie da anfangs nie nahe herantreten. Andererseits war das mit dem Balkon ja ein

Extra-Luxus. Von den zwölf Wohnungen auf jeder Etage hatten nur zwei einen Balkon.

Ihren nächsten Schock erlebte Sabine dann am ersten Tag in der neuen Schule: »Als plötzlich mitten in der Unterrichtsstunde die Tür zum Klassenzimmer aufflog und ein Schüler mit den Worten, ›So, ick bin denn jetzt da‹, in den Raum stolperte und später, noch mitten in der Stunde, zwei Schüler unvermittelt aufstanden und wortlos den Unterricht verließen. Ich war fassungslos«, staunt meine Mitschülerin noch heute, und auch darüber »dass die Lehrerin das alles einfach geschehen ließ. Sowas hatte sich bei uns an der Schule in Friedrichshagen nicht gegeben. Das war ein Schock.«

Ich kann mich an solche Szenen erinnern. Verantwortlich dafür waren drei oder vier Jungs in der Klasse, die wohl schon ein paar Mal sitzen geblieben und daher schon ein paar Jahre älter waren als wir anderen. Die Bildungsverwaltung zeigte sich irgendwann einsichtig. Die Jungs durften die Schule spätestens nach der achten Klasse verlassen. Einer dieser Schüler war der Sohn unseres Hausmeisters, wenn ich mich richtig erinnere. Jedes Hochhaus auf der Fischerinsel hatte seinen eigenen Hausmeister, der mal defekte Glühlampen wechselte, Informationen im Eingangsfoyer aushängte oder im Winter den Schnee wegschippte. Unser Hausmeister bot daneben noch weitere Dienstleistungen an. Für Extra-Bezahlung malerte und tapezierte er bei den Bewohnern oder bohrte Löcher in die Wände. Tatsächlich war den Betonwänden mit herkömmlichen Bohrern nicht beizukommen. Wer Bilder oder Regale aufhängen wollte,

Sabine, 1971

brauchte eine sogenannte Schlagbohrmaschine. Die späten sechziger und frühen siebziger Jahre waren das Zeitalter der elektrischen Bohrmaschine. Es waren die Jahre, in denen überall in Deutschland Neubauten aus Beton hochgezogen wurden. In den Werbeblöcken im Westfernsehen lief Reklame für Bohrmaschinen der Firma »Black & Decker«. Die Ost-Modelle hießen »Smalcalda«, wurden in einer Thüringischen Werkzeugfabrik produziert und waren natürlich Mangelware. Unser Hausmeister hatte selbstverständlich eine Schlagbohrmaschine und ließ sich manches Loch im Beton in Devisen bezahlen, hieß es unter den Nachbarn. In der Etage von Kerstin, wo die vielen Diplomaten wohnten, ließ sich sicher gutes Geld verdienen mit Löcherbohren.

Sabine also war geschockt nach dem ersten Tag an unserer Schule und erklärte ihren verblüfften Eltern, sie würde da nie wieder hingehen. Was sie natürlich dann doch tat. Eigentlich könnte ich jetzt endlich nach der Sache mit der Kirche fragen, aber – wie in allen Gesprächen mit meinen einstigen Mitschülern von der Fischerinsel – sind wir unvermittelt beim Thema Prominente gelandet. Auf Sabines Etage wohnte ein bekannter Komponist. Außerdem gab es da noch Thomas Lück. Ob ich mich an den erinnern könnte, fragt sie. Und ob. Thomas Lück war einer der bekanntesten Schlagersänger des Landes. Von ihm stammte unter anderen der Schlager »Wo kommt der Schnee auf dem Kilimandscharo her?«, ein Lied, dessen schlichter Text sich wunderbar mitgrölen ließ. Lück war der Typ pausbäckiges, gutmutiges Bärchen. Allerdings kann ich mich nicht erinnern, ihn jemals bei uns in der Fischerinsel sechs gesehen zu haben. Bei Wikipedia lese ich, dass der Sänger 2019 gestorben ist und einst mit den Sängerinnen Petra Kusch-Lück, Aurora Lacasa und Nina Hagen liiert war, nacheinander, versteht sich. Komisch, wie ein Womanizer hatte der Schlagersänger auf mich nie gewirkt. Ich schaue mir den Eintrag im Internet-Lexikon noch mal genauer an. Besonders die Sache mit Nina Hagen interessiert mich. Lück war mit ihr 1975/76 liiert, lese ich. 1975 war die Sängerin zwanzig Jahre alt und kurz zuvor landesweit bekannt geworden mit ihrem Hit »Du hast den Farbfilm vergessen«. In der TV-Show *Ein Kessel Buntes* stapfte sie mit großem Sonnenhut und im Sommerkleid über die Bühne und schmetterte ihren Hit schmollend in die Kamera. Jeder kannte Nina Hagen, die es später als Punksängerin noch zu Weltruhm bringen sollte. Was für eine Vorstellung, dass Nina Hagen möglicherweise bei uns in der Fischerinsel sechs ein und aus gegangen ist! Leider habe ich sie damals nicht getroffen, weil wir Ulrichs aus der ersten Etage ja nie mit dem Fahrstuhl gefahren sind. Und Thomas Lück hat bestimmt weit oben gewohnt, mit Ausblick, und die Hagen ist natürlich immer mit dem Aufzug zu ihrem Liebsten hoch gefahren! Sabine ist sich jedenfalls sicher, dass sie Thomas Lück öfter bei uns im Haus gesehen hat, wie übrigens auch Thomas Natschinski, der in den sechziger Jahren der bekannteste Beat-Musiker im Land war. Die Songs seiner Band *Team 4* klangen immer ein bisschen nach John, Paul, George und Ringo. Natschinskis berühmteste Nummer hieß »Mokka-Milch-Eisbar«. Die gleichnamige Bar in der Karl-Marx-Allee galt als total angesagt und in dem Song ging es natürlich um ein Mädchen (»In der Mokka-Milch-Eisbar, da ist es gescheh'n«). Sabine schenkt uns beiden Kaffee ein. Jetzt ist der richtige Moment. Ich frage sie, wie das damals in der achten Klasse war, als sie nicht auf die Erweiterte Oberschule wechseln durfte, obwohl sie einen super Notendurchschnitt hatte. War das tatsächlich, weil ihre Eltern kirchlich engagiert waren?

»Wer sagt denn sowas?« Sabine schaut mich verblüfft an. Ich fange an zu stottern, erzähle von Nele und dass wir uns beide daran erinnern konnten, dass sie, also Sabine, nicht auf die EOS durfte, weil die Eltern irgendwie kirchlich waren. Genauso sagte man damals: kirchlich sein.

Im harmloseren Fall bedeutete das altmodisch oder rückständig zu sein. Wer glaubte schließlich noch an den lieben Gott? Wenn es den gäbe, hätten ihn die sowjetischen Kosmonauten doch schon längst mal gesehen bei einer ihrer Weltraummissionen. Modern und kirchlich schlossen sich aus, jedenfalls für Nicht-Christen. Auf der Fischerinsel gab es fast keine praktizierenden Christen, hatte mir Pfarrer Boß erzählt, zu dessen Gemeinde die Hochhaussiedlung gehörte. Unter den fast 5.000 Bewohnern auf der Fischerinsel waren so wenige Kirchgänger, dass sich Boß noch heute an jeden einzelnen erinnern kann, der damals zu den Gottesdiensten im Gemeindesaal in der Neuen Grünstraße kam. Ich hatte Boß gefragt, ob die Fischerinsel selbst für DDR-Verhältnisse noch mal ganz besonders »gottlos« war. Der Ex-Pfarrer hatte mit »Jein« geantwortet. Einerseits hätten viele Funktionäre und Leute aus Ministerien auf Religion verzichtet, weil es nicht als opportun galt. Andererseits, erklärte mir der Kirchenmann, war Berlin schon Jahrzehnte zuvor keine besonders religiöse Hochburg gewesen.

Sabines Eltern engagierten sich jedenfalls nicht in der Kirche, waren nicht mal Kirchgänger.

Dass sie damals trotz bester Noten nicht Abi machen durfte, lag daran, dass es so viele leistungsstarke Schüler in der Klasse gab. Bei einigen anderen Kindern hätten die Eltern auch mit Beschwerden bei höheren Stellen nachgeholfen. Ich hake trotzdem noch mal nach und frage, ob Sabine getauft wurde. Zu der Zeit, als Sabine und ich geboren wurden, waren Taufen noch recht verbreitet in Ostdeutschland.

Mich hatten sie 1960 in der evangelischen Sophienkirche in Berlin-Mitte über das Taufbecken gehalten. Der Pfarrer, erzählten mir meine Eltern später, war höchst erfreut über meine drei biblischen Vornamen Andreas, Michael und Thomas. Allerdings hatten meine Eltern wohl weniger religiöse als modische Motive für die Namenswahl. Andreas, Michael und Thomas waren einfach die beliebtesten Jungs-Vornamen damals.

»Genau wie mein Name«, lacht Sabine, »ob Schule, Lehre, Studium, wir waren immer mindestens zwei bis drei Mädels in der Gruppe, die den berühmten Jahrgangsnamen trugen.« Getauft wurde auch sie tatsächlich noch.

Als Erstklässlerin war sie mit ihrer Freundin in Friedrichshagen aus Neugierde sogar ein paar Mal zur Christenlehre gegangen. »Da wurden spannende Sachen gemacht«, erinnert sie sich, »gebastelt zum Beispiel. Eines Tages aber sollten wir dort Sprüche aus der Kinder-Bibel auswendig lernen. Die gefielen uns nicht und wir beschlossen, uns andere Freizeitbeschäftigungen zu suchen. Allerdings war ich auch nicht bei den Jungen Pionieren.«

Du warst nicht bei den Pionieren? Waren deine Eltern vielleicht doch irgendwie oppositionell eingestellt?

»Nein, die Pioniere haben einfach keine Rolle gespielt an der Schule dort in Friedrichshagen, das wurde da nicht für so wichtig erachtet. Ungefähr die Hälfte meiner Mitschüler waren nicht in der Pionierorganisation.« Die Geschichte verblüfft mich. Schließlich war das sozialistische Erziehungssystem darauf angelegt, dass möglichst alle Schüler in der ersten Klasse in die Jungpioniere aufgenommen wurden und feierlich ein Halstuch umgebunden bekamen.

»Ja, allgemein war das so«, bestätigt Sabine. Aber in Friedrichshagen gingen die Uhren offenbar noch einige Zeit ganz anders. Erst als sie in der Fischerinsel-Schule ausgewählt wurde, in einem Pionier-Block auf einer Demo mitzulaufen, kam heraus, dass sie gar nicht Mitglied in der Kinderorganisation war. Kurz darauf wurde sie Pionier.

Sowohl Sabines, als auch meine Eltern waren weder Funktionäre, höhere Staatsbedienstete noch prominente Künstler oder Wissenschaftler. Ob sie manchmal neidisch war auf Mitschüler, deren Eltern statt Trabant Lada oder Dacia fuhren, für damalige Verhältnisse sozusagen Oberklasse-Modelle. Oder ob sie die Kinder der Promis und Funktionäre um andere Sachen beneidete?

»Nein, es war eine gute Zeit. Unsere Eltern haben uns bodenständig erzogen, wir fuhren oft in den Urlaub, in die Berge zum Wandern, seltener an die Ostsee, oder wir sind ins Theater gegangen und in die Oper. Ich wurde eine leidenschaftliche Leseratte. Wir haben auch Westfernsehen geguckt. Westklamotten hatte ich keine, habe die auch nicht vermisst. Ich war glücklich.«

Sabine schaut sich noch mal unser Klassenfoto an. »Interessant«, meint sie, »dass Bernd etwas abseits steht.« In ihrer Erinnerung war er tatsächlich auch ein bisschen Außenseiter. »Oder der blonde Peter, der rechts hinter dir steht, Andreas, in den waren ja damals alle Mädchen verliebt.« Auch an Ann-Maren, vorne rechts, kann sich Sabine noch sehr gut erinnern. »Und natürlich Annette. Bei der war ich öfter mal in der Wohnung, wo es komplett anders aussah als in allen anderen Wohnungen auf der Fischerinsel. Es war ja eigentlich überall gleich eingerichtet, hier der Esstisch, dort die Couchecke, gegenüber die Schrankwand. Bei Annette und ihrer Mutter dagegen gab es weder Couch noch Schrankwand, dafür Bücherregale bis unter die Decke und an den Wänden jede Menge Bilder und Collagen und statt einer Couch hatten sie einen Liegestuhl.«

Abi hat Sabine dann nach der zehnten Klasse gemacht, Berufsausbildung mit Abitur, danach Bauingenieursstudium in Cottbus, anschließend ein Job im Kraftwerksanlagenbau, wo sie auch ihren Mann kennenlernte. 1985 wurde ihre Tochter geboren, 1989 der Sohn. Da wohnten sie schon im Prenzlauer Berg, in der Kollwitzstraße. Als im Herbst '89 die Demonstranten an ihrem Haus vorbeizogen, stand sie mit ihrem Baby auf dem Balkon und fragte sich, was das jetzt werden würde? Sie war nie ein Revoluzzer. Mit der Stasi hatte sie zum Glück aber auch nie zu tun. Ihre Akte, wenn es denn eine gibt, will sie nicht sehen. Wozu?

Nach dem Mauerfall haben sie und ihr Mann vierzehn Tage verstreichen lassen, bevor sie das erste Mal rüber gegangen sind. Sabine ließ sich Zeit mit dem Erstbesuch, weil sie es »unwürdig fand, sich da in die Schlange für die einhundert Westmark Begrüßungsgeld zu stellen«.

In einer Kreuzberger Bankfiliale haben sie dann schließlich doch ihr Begrüßungsgeld abgeholt, zwei Mal einhundert Mark plus zwei Mal fünfzig für die Kinder. Als sie rauskamen aus der Bank, hat sich ein Mann von der Seite an sie herangepirscht und fragte, ob er sich Sabines Sohn mal kurz ausleihen könnte, er habe sein eigenes Kind leider nicht dabei. Dem hat sie einen Vogel gezeigt.

Sabine absolvierte dann eine Zusatzqualifizierung zur Umweltbauftragten. Kurz darauf hatte sie ihr Vorstellungsgespräch bei ALBA, dem großen Berliner Entsorgungsunternehmen. Dort war man von der dreißigjährigen Ostberlinerin auf der Stelle begeistert. Sie hatte den Job.

Ein paar Tage später musste sie beim Personalchef noch ein paar Details besprechen, als der sie fragte, wie sie die Arbeit denn schaffen wolle, mit zwei Kindern?

Genau wie in den Bewerbungsgesprächen, von denen Nele mir erzählt hatte. Wahrscheinlich haben zehntausende Ost-Frauen das damals so oder so ähnlich erlebt. Wie erstaunt waren diese Frauen über das Wort *Doppelverdiener* als Bezeichnung für Paare, bei denen Mann und Frau einer Erwerbsarbeit nachgingen. Im Osten hatte es dieses Wort nicht gegeben, weil doppelverdienende Paare hier der Normalfall waren.

Sabine reagierte ähnlich wie Nele und erklärte dem Personalleiter, dass ihre Kinder in den Kindergarten gingen und ihr Mann und sie sich die Hausarbeit teilten. »Der hat mich dann nachdenklich angeschaut und gesagt: ›Das ist bei Ihnen im Osten offenbar ganz anders als bei uns hier.‹ Und dann hat er mich plötzlich ganz panisch angeguckt, was nichts mit mir als Mutter und Ostfrau zu tun hatte, sondern mit einer Wespe, die plötzlich durchs geöffnete Fenster in sein Büro geflogen war. Der Mann, was ich nicht ahnen konnte, hatte entsetzliche Angst vor Wespen. Ich habe dann ganz ruhig ein Wasserglas genommen und über das Insekt gestülpt. Kurz darauf war die Gefahr gebannt und die Wespe draußen vor dem Fenster ausgesetzt.« Inzwischen arbeitet sie seit fast dreißig Jahren für das Unternehmen.

Gewohnt hat Sabine immer im Osten. Ich muss an Kerstin denken, die von der Fischerinsel nach Westberlin geflohen war und seither immer in Kreuzberg gelebt hat, allerdings immer ganz nahe der einstigen Grenze. Gab es bei Sabine auch ein Muster? Nö, meint sie. »Wenn es in Spandau zum Beispiel was Passendes gegeben hätte, wären mein Mann und ich vor ein paar Jahren auch dorthin gezogen.«

Und zurück zur Fischerinsel?

»Nein, die Fischerinsel bleibt für mich immer ein besonderer Ort, mit vielen Erinnerungen verbunden. Aber jetzt mag ich es grün und ruhig. Da passt Alt-Hohenschönhausen einfach ganz gut.«

Peter

Peter hat, wie ich, in der Fischerinsel sechs gewohnt. Peter ist ein Jahr jünger. In der Schule waren wir in unterschiedlichen Jahrgangsstufen. Er ist Therapeut, Familientherapeut, um genau zu sein. Ich bin gespannt auf seine psychologische Sicht auf uns Kinder von der Fischerinsel. Peters Praxis liegt im Norden Berlins. Es ist Sommer und er arbeitet gerade die meiste Zeit draußen in seinem Häuschen im brandenburgischen Touristenstädtchen Lychen.

Das Haus, in dem er dort lebt, liegt direkt an der Hauptstraße, hat zwei Etagen und sieht auf charmante Art ramponiert aus. Es sei noch einiges zu machen hier am Grundstück, meint er lachend. Ich finde es gemütlich, wie es ist, auch den wild zugewachsenen Garten hinter dem Haus, in dem wir in den nächsten Stunden sitzen werden. Ein romantischer, anregender Ort und anscheinend einer mit großer Geschichte. Über der Haustür hängt eine Tafel, die mitteilt, dass hier einst der Erfinder der Reißzwecke gewohnt hat, ein gewisser Johann Kirsten. Ich habe von dem Mann noch nie gehört, gestehe ich. Es sei auch nicht hundertprozentig sicher, dass der hier gewohnt hat, meint Peter grinsend. Aber immerhin habe die Stadt Lychen die Geschichte jetzt offiziell so übernommen, ergänzt er augenzwinkernd. Wie auch immer. Peter ist ein freundlicher, offener Typ mit fröhlich-neugierigen Augen. Therapeuten sollten vermut-

Peter, der Familientherapeut

lich genau so sein, denke ich. Wobei ich nicht als Patient zu meinem einstigen Fischerinsel-Nachbarn gekommen bin. Mich interessiert seine Geschichte.

Mein Gastgeber stellt zwei Tassen Kaffee auf den Gartentisch, türkisch aufgebrüht, mit freischwebenden Kaffeekrümeln im Getränk. Die alte, ostdeutsche Art Kaffee zuzubereiten.

Wie bei allen Treffen mit den Kindern von der Fischerinsel geht es um die Prominenten. Peter schneidet das Thema sogar gleich als erstes an. An welche Promis ich mich erinnern kann, will er wissen.

Ihm fällt der Schauspieler Klaus Piontek ein. Der habe bei uns im Haus gewohnt, ist er sich ganz sicher. Piontek war damals in den siebziger Jahren bereits berühmt. Er spielte am Deutschen Theater unter Adolf Dresen und Thomas Langhoff, ebenso wie in Kino- und Fernsehfilmen. Er war ein wunderbarer, witziger Charmeur, ein großartiger Darsteller. Piontek ist 1998, mit gerade mal dreiundsechzig Jahren, gestorben.

Vielleicht sollte es hier im Buch am Ende einen Anhang geben mit den Namen aller Prominenten, die im Laufe der Jahre auf der Fischerinsel gewohnt haben. Ich könnte diese Aufstellung zeitlich gliedern in die Abschnitte »Neue Fischerinsel ab 1970« und »Alter Fischerkiez«.

In letzteres Verzeichnis gehörte dann der Name Hans Kohlhase. Der war der berühmteste Bewohner der alten Fischerinsel, ein Art Robin Hood von Berlin, dessen Lebensgeschichte Heinrich von Kleist später in seinem Drama »Michael Kohlhaas« verarbeitete. Man beachte den Namensunterschied. Die literarische Gestalt hieß Michael und war ein »Haas«, das Original hieß Hans und war ein »Hase«.

Hans Kohlhase war ein vermögender Kaufmann, der mit Heringen, Honig und Speck handelte, wohnte vermutlich in der Fischerstraße 28. Das Haus hatte sogar noch den Zweiten Weltkrieg überstanden, musste dann jedoch den Neubauten weichen. Dort, wo Hans Kohlhase mit Frau und Kindern von 1530 bis zu seinem Tod wohnte, steht jetzt das Hochhaus Fischerinsel eins.

Dass Kohlhase zum »Rächer den Entrechteten« wurde, nahm 1532 seinen Anfang, als ihm auf dem Weg nach

Leipzig ein sächsischer Adliger seine Pferde raubte. Kohlhase klagte beim sächsischen Kurfürsten auf Herausgabe, erfolglos. Auch beim Brandenburgischen Kurfürsten fand Kohlhase keine Unterstützung. Eine kurfürstliche Krähe mochte der anderen kein Auge aushacken. Kohlhase zog in den Kampf, gegen Obrigkeit und Willkür, nahm den Reichen, gab den Armen. Zeitweise hatte der Kaufmann vom Fischerkiez mehrere hundert Mitstreiter, Handwerker, Tagelöhner, selbst einige Richter und Pfarrer hatten sich ihm angeschlossen.

Kohlhases Ende nahte, nachdem er und seine Leute einen kurfürstlichen Silbertransport überfallen hatten. Der Ort, an dem sich der Überfall auf den Silbertransport zutrug, wurde später nach dem Rebellen benannt, Kohlhasenbrück, heute ein Ortsteil des Berliner Bezirks Zehlendorf. Kurze Zeit nach dem Überfall auf den Silbertransport tappte Kohlhase in die Falle. Kurfürst Joachim II. hatte ihn, unter Zusicherung freien Geleits, nach Berlin gelockt, um ihn dort schließlich als »Landfriedensbrecher« richten zu lassen. Am 22. März 1540 wurden Kohlhase und zwei seiner Mitstreiter qualvoll gerädert.

Fast dreihundert Jahre später schuf Heinrich von Kleist nach der historischen Vorlage seine Novelle »Michael Kohlhaas«, eine Geschichte vom vergeblichen Kampf um Gerechtigkeit und Rechtsstaatlichkeit.

Es ist die Geschichte eines Mannes, der die Moral auf seiner Seite hat, sich dann aber in Selbstjustiz und Verbrechen verstrickt.

Als ich auf dem Hof in Lychen das erste Mal an meiner Kaffeetasse nippe – natürlich landen ein paar Krümel vom türkisch aufgebrühten Kaffee in meinem Mund – ahne ich noch nicht, dass ich an diesem Nachmittag Hans Kohlhases Nachfolger kennenlerne, sozusagen die Variante 2.0. Aber der Reihe nach.

Zunächst erzählt mir der heutige Familientherapeut seine Fischerinsel-Geschichte. Mit den Eltern und den beiden Geschwistern lebte er als Kind bei uns in der Fischerinsel sechs, in der neunzehnten Etage, in einer Vier-Raum-Wohnung. Ich bin mal wieder ein bisschen neidisch, schließlich wohnten wir Ulrichs nur in der ersten Etage. Aus den Fenstern unserer Wohnung bot sich kein Weitblick, sondern lediglich der auf die LKW, die die Kaufhalle belieferten.

Peters Eltern waren studierte Philosophen. Zuhause gab es viele Bücher. Einen Fernseher gab es zwar auch, aber der stand in der Abstellkammer. Nicht etwa, weil er kaputt war, sondern weil er nur selten mal angeschaltet wurde. Peters Mutter war Redakteurin bei einem großen Belletristik-Verlag. Der Vater hatte sich auf Kybernetik spezialisiert und ein Buch mit dem Titel »Mathematik, Sprache, Dialektik« geschrieben. Kybernetik war in den sechziger Jahren weltweit angesagt als neue interdisziplinäre Wissenschaft, in der sich alles um sogenannte »selbstregulierende Systeme« drehte. Kybernetiker galten als die wissenschaftliche Avantgarde schlechthin.

»Mein Vater ist hochintelligent, aber lebt auch sehr in seiner eigenen Welt. Er hat das klassische Asperger-Syndrom«, erklärt Peter. Ich erzähle ihm von Kerstin aus unserem Haus, die im Kofferraum in den Westen geflohen ist und bei deren Sohn später Asperger diagnostiziert wurde und dass sie diese Firma gegründet haben, Kerstin und ihr Mann, um Autisten an Firmen zu vermitteln. Menschen, die oft so wunderlich wirken, aber eben hochintelligent sein können.

»Ja, das passt gut als Beschreibung auch auf meinen Vater«, nickt Peter. »Wenn meinen Vater etwas störte, dann hat er stets richtig Ärger gemacht, hat Beschwerden und Eingaben geschrieben, hochintelligente Traktate, die manchmal an die Spitzen des Staates gerichtet waren. Oft waren es kleine Sachen, die den Vater aufregten. Die Uhr zum Beispiel vom Berliner Rathaus, dem Roten Rathaus, die läutete viel zu laut, fand jedenfalls mein Vater, der deshalb eine geschliffen formulierte Beschwerde losschickte. Der Glockenton wurde zwar trotzdem nicht leiser gestellt, aber er hatte sich gewehrt.«

Wir nähern uns Hans Kohlhase 2.0, aber ich bitte noch um etwas Geduld! Denn zunächst möchte ich mehr wissen über Peters Zeit in unserem Haus auf der Fischerinsel. Er war glücklich, erfahre ich, denn schon bald nach dem Einzug gab es ein paar Freunde in der Klasse, die praktischerweise auch im gleichen Haus wohnten. Sie haben sich oft gegenseitig besucht, mit ihren kleinen Indianerfiguren und Cowboys gespielt und natürlich mit ihren Matchboxautos. Vor allem der Sohn des Zahnarztes hatte reichlich von diesen Miniaturautos.

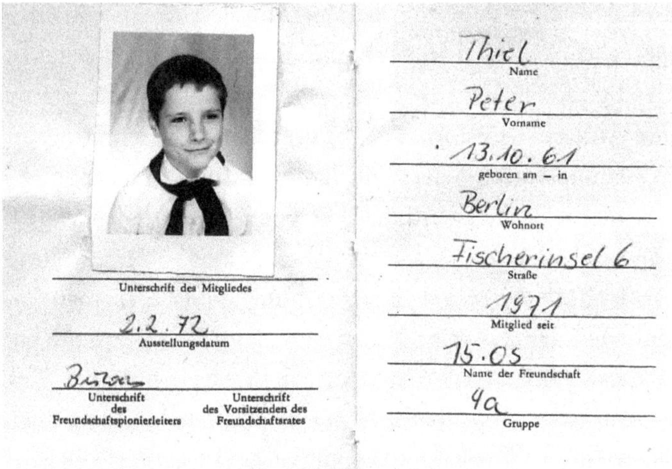

Unterschrift des Mitgliedes

2.2.72
Ausstellungsdatum

Unterschrift des Freundschaftspionierleiters | Unterschrift des Vorsitzenden des Freundschaftsrates

Thiel
Name

Peter
Vorname

13.10.61
geboren am – in

Berlin
Wohnort

Fischerinsel 6
Straße

1971
Mitglied seit

15. OS
Name der Freundschaft

4a
Gruppe

Peters Pionierausweis

Ich erzähle Peter, dass ich erst heute, Jahrzehnte später, die Familiengeschichten vieler Altersgefährten von damals erfahren habe. Ist das bei Kindern und Jugendlichen heute anders? Wissen die mehr über die Familienschicksale ihrer Freunde? Als Familientherapeut muss er es schließlich wissen.

Peter denkt einige Augenblicke nach. Ihm fällt die Geschichte mit dem Riesengebirge ein. Als sie mit der Familie in den siebziger Jahren dort im Urlaub waren, meinte der Vater zur Mutter: »Das war ja mal deutsch hier. Hier in Agnetendorf hat Gerhard Hauptmann gewohnt.« Peter war völlig durcheinander. Warum sollte dieser polnische Ort deutsch gewesen sein? Vorne am Ortsschild hatte der unaussprechliche Name Jagiątków gestanden.

Was er mit dem Beispiel sagen will: Die Zeit war für die Generation der Eltern und Großeltern furchtbar kompliziert. Es gab so viel zu erklären und bei so vielen Themen waren sich die Erwachsenen selbst nicht sicher. Was sollten sie uns Kindern über Schlesien erzählen, das seit 1945 zu Polen gehörte? Was sollten sie über die Vertreibung berichten, die in der DDR offiziell »Umsiedlung« hieß. Oder die Sache mit seinen beiden Großvätern, meint Peter.

Der eine war Nazi, der andere Kommunist. Warum der eine bei der NSDAP gelandet war, wäre vielleicht eine spannende Erzählung gewesen. Aber wie sollten es die Eltern erzählen oder erklären, wo doch die DDR offiziell der Nachfolgestaat der Nazigegner war und selbst die Geschichte des anderen Großvaters nicht so recht ins offizielle Geschichtsbild passen wollte. Dieser andere Opa war zwar Kommunist, saß bei den Nazis im KZ, wurde nach der Entlassung aus dem Lager Soldat in der Wehrmacht. In seinem Kriegstagebuch schilderte er, dass er mit angesehen hat, wie Deutsche in der Ukraine Juden massakriert hatten. In den Geschichten der Eltern und Großeltern sei vieles enorm politisch aufgeladen und besetzt gewesen, meint Peter, der Therapeut. »Und wenn die Eltern und Großeltern nicht mal in der Lage waren, den eigenen Kindern von den familiengeschichtlichen Wirrungen zu erzählen, woher sollten dann erst die Freunde der Kinder all diese Geschichten kennen?« Ich solle mir da mal keine Vorwürfe machen, dass ich vor fünfzig Jahren vielleicht nicht gut genug zugehört habe, beruhigt mich mein einstiger Kindheitsnachbar.

Als Familientherapeut formuliert er es so: »Es fehlte eine Kultur, die dazu ermunterte, aus den Lebensgeschichten der Familien zu erzählen.« Nicht vergessen dürfe man, schiebt Peter noch hinterher, dass es in unserer Kindheit aus der Zeit des Stalinismus heraus noch jede Menge Tabus gegeben habe. Ich solle zum Beispiel nur mal an das Thema Gulag denken, also das System der Straf- und Arbeitslager in der UdSSR. Ich muss an meinen Vater denken, der als Wehrmachtssoldat das Glück hatte, den Krieg zu überleben. Vier Jahre lang war er in sowjetischer Kriegsgefangenschaft. Als ich das mit der Gefangenschaft mal unter Freunden auf der Fischerinsel erwähnte, schauten die mich total erstaunt an und einer fragte, warum mein Vater im Gefängnis gesessen hat? Was mein Vater denn verbrochen hätte?

Von der Kriegsgefangenschaft meines Vaters habe ich erst viele Jahre später wieder jemandem erzählt. Natürlich waren viele unserer Väter als junge Männer im Krieg und später in Gefangenschaft gewesen. Aber man redete nicht drüber, es war zu kompliziert.

Mein Vater sprach von den Russen, bei denen er vier seiner Jugendjahre hatte verbringen müssen, übrigens stets mit Wärme und Respekt. Einmal sei er in Gefangenschaft so schwer erkrankt, dass er nur dank des Einsatzes des russischen Lazarettpersonals überlebt hatte. In Kalinin, so hieß der Ort nördlich von Moskau, hätten sie Kisten aus Peenemünde ausgepackt. Die Sowjets hatten alles, was sie noch vorgefunden haben, in der einstigen Raketenversuchsanstalt auf der Insel Usedom eingepackt und nach Kalinin transportiert. Dort nahmen deutsche und russische Spezialisten dann die Vorarbeiten zum späteren sowjetischen Raumfahrtprogramm in Angriff.

Die Stadt Kalinin trägt inzwischen den Namen des russischen Raketenpioniers Koroljow. Noch heute befindet sich hier das Kontrollzentrum der russischen Raumfahrt. Von hier aus steuern sie die Missionen von Mir und ISS. Schade, dass ich das als Kind noch nicht wusste. Dem, der mich damals fragte, warum mein Vater im Gefängnis gesessen hat, hätte ich geantwortet: »Mein Vater hat dafür gesorgt, dass Juri Gagarin ins Weltall fliegen konnte, ätsch!«

»Im Übrigen gibt es auch heute eine Menge Dinge, die Eltern ihren Kindern nicht erzählen«, rundet Peter seinen psychologischen Exkurs ab. »Wenn nicht mal die eigenen Kinder bestimmte Dinge erfahren, wissen es die Freunde der Kinder schon lange nicht.«

Peter ist schon wieder bei der Fischerinsel und erzählt von seinem Lehrerstudium in den achtziger Jahren an der Humboldt-Universität. Er studierte Mathematik und Physik und arbeitete nebenbei ehrenamtlich in der Jugendhilfekommission des Bezirks Mitte. Durch dieses Ehrenamt kam er zurück auf die Fischerinsel. Ob ich mich an das Doppel-Hochhaus Fischerinsel vier/fünf erinnere?

Ja, na klar kann ich mich erinnern. Es war das letzte Hochhaus, das auf der Fischerinsel gebaut wurde. In der Nummer vier/fünf gab es Fünf-Zimmer-Wohnungen und viele kinderreiche Familien. Das Doppelhaus wurde nach dem VIII. Parteitag der SED übergeben, auf dem »sozialpolitische Maßnahmen« beschlossen wurden, und dabei vor allem die besondere Förderung kinderreicher Familien. Genau dort in diesen Häusern, erzählt Peter, habe er damals zwei Jugendliche betreut. »Mit dem einen bin ich mal ins Sport- und Erholungszentrum gefahren, wollte ihm mal so einen richtig glücklichen Nachmittag bescheren, mit Wellenbad und Eis essen. Das klappte nur bedingt. Der Junge schlug wild mit seinen Fäusten gegen alle Glastüren und Glaswände dort im Gebäude. Er war, würden wir heute sagen, verhaltensauffällig.« Und das Glas im SEZ offenbar recht robust, denke ich. Als Student hat Peter nicht nur ehrenamtlich in der Jugendhilfe gearbeitet, sondern auch einen Oppositionszirkel an der Uni mitgegründet. Sie waren eine kleine Gruppe und haben vor allem diskutiert. Es war bereits die Gorbatschow-Zeit. Aber diskutieren hat ihm nicht gereicht. Er hat ein paar Mal selbstgefertigte Wandzeitungen in der Universität aufgehängt. Unter anderem ging es ihm um das Thema Meinungsfreiheit. Die Sache mit den Wandzeitungen ging für ihn glimpflich aus, bald darauf war die DDR am Ende.

Anfang der Neunziger gründete Peter in Berlin-Pankow eine der ersten freien Schulen in Ostberlin, nicht zuletzt für seine beiden eigenen Töchter. Bald darauf trennte sich die Mutter der Kinder von ihm. Peter und die Frau waren nicht verheiratet. Sie bekam das Sorgerecht und versuchte alles Erdenkliche, den Kontakt zwischen Peter und seinen Töchtern zu verhindern. Es entspann sich ein Kleinkrieg, ein juristisches Tauziehen von epischer Länge. Er habe seine Töchter einige Jahre lang nicht sehen können, die Mutter der Kinder habe es vereitelt. Inzwischen aber hätten die Mädchen und er wieder Kontakt. Sie seien sich heute wieder nahe gekommen, Großvater sei er auch bereits.

Damals allerdings, nach der Trennung, war er am Boden zerstört. Auf der Suche nach Hilfe entdeckte er das Angebot eines Familientherapeuten, der eine damals noch recht neue Methode praktizierte. Bei Trennung, so der Therapieansatz, solle nicht zuerst unterschieden werden zwischen Täter und Opfer, sondern es soll davon ausgegangen werden, dass sich auch in einer Beziehung Dinge gegenseitig bedingen. Es war genau der Ansatz, der Peter half, wieder auf die Beine zu kommen. Heute ist er nun selbst Familientherapeut.

In der Zeit, als er darum kämpfte, seine Kinder zu sehen, wurde Peter allmählich auch zum Aktivisten, zum Streiter für Väter-Rechte. Der Mann, der bereits eine freie Schule und ein Nachbarschaftszentrum ins Leben gerufen hatte, fand schnell heraus, dass es für politische Forderungen auch eine politische Bühne braucht. In den Neunzigern zog er für die PDS in die Pankower Bezirksverordnetenversammlung ein, wechselte später zu den Grünen im Prenzlauer Berg. »Aber da war's noch schwerer«, stellt er rückblickend fest. »Die Grünen entpuppten sich beim Thema Familie und Umgangsrecht als völlig verbohrt. Die waren immer und mit verbissener Leidenschaft gegen Regelungen, die Vätern bei der Trennung irgendwelche Rechte einräumen.« Schließlich wechselte er für einige Zeit zu den Piraten. Inzwischen ist er bei der FDP und dort sogar im Bundesfachausschuss für Familie, Frauen und Senioren. Auch ansonsten lässt es mein einstiger Nachbar von der Fischerinsel längst nicht ruhig angehen, streitet nun auch häufig in eigener Sache. Auf seiner Homepage kann man detailliert nachlesen, gegen wen er warum prozessiert. Es sei einfach so, dass er Entscheidungen oder Vorschriften nicht ertragen kann, wenn er sie ungerecht findet und ihm auch niemand plausibel eine Erklärung dafür liefern kann. Das sind Dinge, räumt er ein, wo andere meinen, er solle sich doch nicht so aufregen, Manches könne man sowieso nicht ändern.

Da war zum Beispiel die Sache mit der Nachrichtenagentur. Die hatten irgendeine interessante Sache gemeldet. Peter hatte die Kopie der Agenturmeldung auf seiner Homepage veröffentlicht. Eines Tages meldete sich bei ihm eine Anwaltskanzlei und forderte – mit dem Verweis auf das Urheberrecht – dass Peter die Meldung von seiner Seite entfernen und obendrein Strafe zahlen solle, schließlich sei er ja kein zahlender Abonnent der großen französischen Nachrichtenagentur. Peter sah die Sache anders und wehrte sich.

Oder die Sache mit der Gerichtsmitarbeiterin, die von ihm forderte, Unterlagen mit der Post zu schicken, ausgedruckt, in Papierform. Das hat ihn sofort auf die Palme gebracht. Einerseits, weil er schon seit Jahren komplett elektronisch arbeitet, wie er es nennt, und andererseits, weil das so nirgends im Gesetzestext steht, dass er die betreffenden Unterlagen in Papierform schicken muss. Also klagte Peter auch in diesem Fall, bis zum Oberlandesgericht – und gewann. »Meistens gewinne ich inzwischen«, lacht er. Inzwischen ist der Familientherapeut auch versiert in juristischen Dingen. Und dann sagt er schließlich den Satz: »Ich bin wie Michael Kohlhaas«.

Ich erzähle ihm, dass der echte Rebell Hans Kohlhase hieß und bei uns auf der Fischerinsel gewohnt hat, also vor langer Zeit, im sechzehnten Jahrhundert, im alten Fischerkiez. »Dann muss es wohl eine genetische Verbindung geben zwischen Hans Kohlhase und mir«, reagiert Peter schlagfertig und schaut mich dabei fröhlich an. Aber, werfe ich ein, gibt ihm das Ende von Hans Kohlhase nicht zu denken? Hingerichtet.

»Ja, nicht schön«, wirft Peter ein, »aber anfangs hat Kohlhase doch gewonnen und zwar lange Zeit.« Er persönlich könne einfach nicht anders.

Warum? »Ich würde meinen Grundzustand als wütend bezeichnen«, erklärt er. »Ich muss mich wehren, wenn ich etwas nicht verstehe. Ich ordne mich nicht gern Leuten unter, die mich nicht überzeugen, weder faktisch, noch menschlich.«

Ob es hier in Lychen – er hat das Haus jetzt seit drei Jahren – auch schon Dinge gibt, die ihn wütend machen? »Nein, hier in Lychen würde ich gerne in Frieden mit meinen Nachbarn leben. Das jedenfalls habe ich so beschlossen.«

Kann er das denn, beschließen, nicht wütend zu sein? »Naja«, erwidert mein alter Nachbar grinsend und nickt dabei in Richtung eines alten Schornsteins, zwei Grundstücke weiter. »Dort, der Schornstein der Fleischerei, wo sie dreimal in der Woche räuchern und jedes Mal einen Riesenlärm machen, das stört mich schon.«

Muss man nicht aufpassen, wenn man andauernd wütend ist, allein wegen der eigenen Gesundheit? »Nö, im Gegenteil. Viel schlimmer ist es, wenn man alles runterschluckt. Dann ist das Infarktrisiko viel größer.«

Ich fahre über die B96 aus dem Norden zurück nach Berlin. Im Norden hatte ich in den letzten Wochen immer wieder nach Ann-Maren gesucht. Die Einzige auf unserem Klassenfoto, die damals gelacht hat, die Blonde mit dem skandinavischen Familiennamen. Im Netz entdeckte ich eine Frau in der Nähe von Rostock, die denselben Familiennamen trägt. Ich rufe sie an. Nein, antwortet sie, eine Ann-Maren gebe es in ihrem Zweig der Familie nicht. Auch die Adressenliste vom Klassentreffen aus den neunziger Jahren hilft mir nicht weiter. Hinter Ann-Marens Namen steht statt einer Adresse das Wort »unbekannt« und dazu der Name einer westdeutschen Großstadt. Ann-Maren war nicht zu unserem Klassentreffen gekommen, aber irgendwer wusste, dass sie inzwischen in dieser Stadt im Westen lebte. Als ich zurück aus Lychen bin, starte ich meinen Rechner und gehe auf die Internetseite der Meldebehörde. Ich habe inzwischen einige Erfahrungen mit Online-Melderegistern. Bei dem Ergebnis, das einem die Auskunftsseiten anzeigen, gibt es stets zwei Varianten. Erscheint ein grünes Häkchen, dann hat die Behörde eine Auskunft, also die gesuchte Adresse.

Ein rotes Kreuzchen dagegen bedeutet, dass die Person nicht mehr dort in der Stadt wohnt oder die Behörde einem die Auskunft verweigert. Das kann etwa der Fall sein, wenn jemand für sich eine Auskunftssperre festgelegt hat. Auf meine Suchanfrage zu Ann-Maren erscheint auf dem Monitor ein grünes Häkchen. Allerdings steht keine Adresse in der Behördenmitteilung, stattdessen der Satz »Die Person ist verstorben«.

Gesine

»Die Person ist verstorben« war unmissverständlich. Ann-Maren lebt nicht mehr. Wann sie gestorben ist, wie oder warum, darüber stand nichts in der dürren Auskunft der Meldebehörde. Die Zweite aus unserer Klasse, die nicht mehr am Leben ist.

Annettes Lebensgeschichte hatten mir ihr Bruder Florian, ihre Mutter und ihre Freundin Nele erzählt. Wen konnte ich nach Ann-Maren fragen?

Ein paar Tage später telefoniere ich mit Gesine, die auf unserem Klassenfoto von 1971 links hinter Ann-Maren hervorschaut. Gesine steht in der hintersten Reihe und ist trotzdem gut zu erkennen, an ihrem kräftigen Unterkiefer.

»Ja, ein Pferdegebiss war das!«, ruft Gesine ins Telefon. Eigentlich waren ihre Zähne und ihr Kiefer nämlich ganz normal, sagt sie. Bis eine Zahnärztin ihre Mutter überredete, an Gesines Zähnen ein Experiment vorzunehmen. Als sie acht war, wurden ihr innerhalb weniger Wochen sämtliche Zähne gezogen, bis auf die Backenzähne, und durch künstliche ersetzt. »Durch den Eingriff«, erklärt mir Gesine, »habe sich dann der Kiefer stark verschoben.« Sie sei jahrelang in Behandlung gewesen, um den Kiefer wieder in Normalstellung zu bekommen, was schließlich auch gelungen ist. »Das mit dem Gebiss war mein großes Trauma damals«, meint

Gesine und ich denke mir, dass wir damals in der fünften Klasse eine Trauma-Therapiegruppe hätten gründen können. Donald hätte darüber gesprochen, wie er darunter leidet, der Kleinste und Jüngste zu sein, Bernd über sein Problem mit dem dick sein. Ich hätte von meinem Kummer berichtet, eine Brille tragen zu müssen und Annette darüber, wie sehr sie sich nach einer echten Familie sehnt, mit Mutter und Vater.

Gesine ist eine erfolgreiche Modedesignerin geworden. In den letzten Jahrzehnten habe ich immer wieder Zeitungsartikel über ihre Karriere gelesen. Auch im Fernsehen gab es ein paar Berichte. Nach dem Abitur hatte sie »Textilgestaltung« an der Kunsthochschule in Berlin-Weißensee studiert und anschließend im DDR-Modeinstitut gearbeitet. Das Institut war eine Art Think-Tank, in dem Leute wie Gesine Mode entwarfen und dabei stets zu berücksichtigen hatten, was an Stoffen und Material im Land tatsächlich zur Verfügung stand. Die Macher im Modeinstitut mussten etwas von Design verstehen, von Betriebs- und Volkswirtschaft und obendrein Improvisationskünstler sein. Sitz des Modeinstituts war ein ehemaliges Kaufhaus in der Brunnenstraße in Berlin-Mitte. Später war das Gebäude einer der Veranstaltungsorte der Modemesse »Fashion Week«. Inzwischen haben BMW und Mercedes das Gebäude gemietet und dort die Verwaltung ihrer gemeinsamen Carsharing-Marke untergebracht.

»Bei Mercedes fällt mir Stuttgart ein«, sagt Gesine, »das war im Februar 1990 meine erste berufliche Reise in die

Gesine in den 2010er Jahren

Bundesrepublik. Da war ich gerade schwanger mit meinem ersten Kind. Die haben mich da total ungläubig angesehen. Wie ich mir das denn vorstellen würde, ein Kind zu haben und gleichzeitig zu arbeiten?« Gesine hat die Frage zunächst überhaupt nicht verstanden, genau wie Nele und Sabine, die ja von ähnlichen Gesprächen berichtet hatten. Gesine meint im Rückblick: »Die Bundesrepublik war in dieser Beziehung eines der rückständigsten Länder Europas«. Jedenfalls kassierte die Modegestalterin und junge Mutter reihenweise Absagen, bis sie schließlich ihre eigene Designmarke gründete. »Mit Absicht haben wir damals einen Laden in Wilmersdorf angemietet, also in Westberlin«, erklärt Gesine, »weil da die kaufkräftige Kundschaft war, die niemals in den Osten zum Shoppen gefahren wäre. Ich habe auch nicht an die große Glocke gehängt, dass ich aus der DDR kam.« Es lief und läuft gut für Gesine. Manch Prominenter hat sich über die Jahre von ihr beraten und einkleiden lassen, darunter Politiker, Diplomaten, auch Prinzessinnen. Ihre Auftraggeber hat sie unter anderem auch in den USA.

Seit ein paar Jahren lebt sie mit ihrem Mann am Starnberger See. Die Kinder sind längst erwachsen.

Wir reden über unsere Mitschülerinnen und Mitschüler aus der 15. POS. Ich erzähle ihr, wen ich bereits alles wiedergetroffen habe und dass Annette und Ann-Maren bereits tot sind. Da fällt Gesine zu Ann-Maren deren älterer Bruder ein: »Der hieß Sven und sah umwerfend aus. Alle Mädchen waren in Sven verliebt. Wenn Ann-Maren tot ist, dann musst du Sven finden. Ja, finde Sven!«, schlägt Gesine vor.

Ann-Maren

Der Junge, in den alle Mädchen auf der Fischerinsel verliebt waren, ist inzwischen dreiundsechzig, sieht noch immer blendend aus, das Gesicht voller kerniger Falten, die grauen Haare zum Knoten gebunden und dazu dunkle, neugierige Augen, die Haut gut gebräunt. Sven, der ältere Bruder von Ann-Maren. Nachdem Gesine mir den entscheidenden Hinweis gegeben hatte, ging alles sehr schnell. Im Netz las ich, dass Sven einige Zeit bei einem kleinen Theater im Prenzlauer Berg gearbeitet hat, erfuhr, dass er in Berlin lebt, jemand von den Theaterleuten gab mir seine E-Mail-Adresse und kurz darauf trafen wir uns, direkt vor der Fischerinsel eins.

Als wir vor dem Haus stehen, wird mir klar, dass ich fast nichts weiß über meine damalige Mitschülerin Ann-Maren und schon gar nichts über ihre Familie. Ja, ich wiederhole mich, ich weiß. Ich frage mich das schon das ganze Buch über. Trotzdem. Warum habe ich so viele Dinge über die Kinder von der Fischerinsel erst jetzt erfahren, fünfzig Jahre später? Haben Jungs die schlechteren Antennen? Die Mädchen, Nele, Sabine oder Kerstin, haben sich an so viele Details erinnern können.

Wir schlendern am Haus entlang, als Sven feststellt: »Das war ein richtiges ›Bonzenhaus‹ hier, genau wie das erste Haus, die Fischerinsel zwei. Hier haben echt viele Funktionäre gewohnt und Leute aus Ministerien. Unsere Eltern waren ja auch beide Offiziere beim Ministerium für Staatssicherheit. Vater war Major, unsere Mutter Oberleutnant.«

Stasi??? Die Eltern von Ann-Maren waren beim MfS? Die Schweden-Idylle, die ich mir einst rund um Ann-Maren zusammenfantasiert hatte, liegt plötzlich in Trümmern. Aber irgendetwas an der Formulierung macht mich hellhörig, »Offiziere beim Ministerium für Staatssicherheit«, hatte Sven gesagt. Das klang eigenartig offiziell, formell, aber auch ein bisschen stolz. Im nächsten Augenblick weiß ich, woran mich das Ganze erinnert. An den berühmtesten DDR-Spion, an Günter Guillaume, der es bis ins Vorzimmer von Bundeskanzler Brandt geschafft hatte und der die westdeutschen Staatsschützer, die ihn verhafteten, mit den Worten begrüßte: »Ich bin Bürger der DDR und ihr Offizier – respektieren Sie das!«

Waren eure Eltern Agenten, frage ich Sven, und was hatte es mit eurem Familiennamen auf sich, der auf -son endete, seid ihr vielleicht doch ein kleines bisschen schwedisch? »Ja, wir haben schwedische Vorfahren«, bestätigt Sven. »Unser Urgroßvater hieß Sven Magnus und kam tatsächlich aus Schweden, aus Källeboda, einem kleinen Dorf in Südschweden. Im Jahr 1886 ist er von dort weggegangen, als in Schweden bittere Armut herrschte. Viele sind damals nach Amerika ausgewandert, unser Uropa ging nach Schleswig-Holstein, arbeitete bei einem Bauern, heiratete und wurde Vater mehrerer Kinder. Eines dieser Kinder war unser Großvater, der noch die schwedische Staatsbürgerschaft hatte. Als der Erste Weltkrieg begann, drängte der Gutsbesitzer ihn, sich einbürgern zu lassen, um für Deutschland in den Krieg ziehen zu können. Das hat Opa dann gemacht und in Verdun einen Arm verloren. Nach dem Krieg bekam er eine Stelle als Schrankenwärter in Mecklenburg, in Augustenruh, einem Dorf südlich von Rostock. Opa heiratete und hatte mit seiner Frau drei Söhne. Zwei von denen sind im Zweiten Weltkrieg in Russland umgekommen. Der dritte hat überlebt, unser Vater. Der war Funker, genauer gesagt Richtfunker, und hatte die Aufgabe, Funkstationen der sowjetischen Partisanen ausfindig zu machen. Ich habe ihn mal gefragt, was sie mit den Partisanen gemacht haben, wenn sie die entdeckt hatten. Ich war eben immer der Rebell in unserer Familie«, fügt Sven hinzu und auch, was der Vater ihm geantwortet hat: »Die wurden erschossen«. Als Sven wissen wollte, ob der Vater auch geschossen hat, meinte der, ja, aber er habe absichtlich immer daneben gezielt. »Jedenfalls«, erzählt Sven, »lernte mein Vater noch während des Krieges unsere Mutter kennen, die war auch Funkerin. Nach dem Krieg haben die beiden in Augustenruh gelebt, bis eines Tages die Stasi auftauchte. Keine Ahnung, ob sie Vater mit irgendwas erpresst haben, ob er vielleicht doch Partisanen erschossen hatte. Jedenfalls wussten sie, dass er Richtfunker gewesen war und genau deshalb wollten sie, dass er jetzt für sie arbeitet und unsere Mutter auch. So sind wir dann in Hohen Luckow gelandet, einem winzigen Kaff, ebenfalls nicht weit von Rostock. Da hatte die Stasi eine Funkbeobachtungsstel-

Ann-Maren mit Bruder Sven, 1964

le eingerichtet, um den Äther nach Spionagefunksendungen abzusuchen. Da haben meine Eltern dann beide gearbeitet und da haben wir als Kinder gelebt.«

Jetzt ist mir klar, warum im Klassenbuch als Ann-Marens Geburtsort »Rostock« vermerkt war. Ann-Maren war nicht, wie ich als Kind geglaubt hatte, auf dem Weg von oder nach Schweden dort zur Welt gekommen, sondern ihre Mutter von Hohen Luckow zur Niederkunft in die Küstenstadt gefahren und anschließend wieder zurück ins Dorf mit der Funkstation. »Aber wir sind dort nicht lange geblieben«, fährt Sven fort, »es war wie bei vielen anderen Kindern, die später dann auf der Fischerinsel lebten. Wir sind mit unseren Eltern ein paar Mal umgezogen, Bautzen, Potsdam, und dann Berlin.«

Habt ihr als Kinder eigentlich gewusst, was eure Eltern beruflich machen? »Nicht wirklich, und es hat uns auch nicht interessiert, glaube ich. Wir fanden auf der Fischerinsel ganz schnell Freunde und die waren uns viel wichtiger, als die Arbeit unserer Eltern. Ich war zum Beispiel befreundet mit dem Sohn von Günter Herlt, dem Chefkommentator im DDR-Fernsehen, später auch Korrespondent in Bonn. Die Herlts wohnten bei uns in der Fischerinsel eins. Der Job des Vaters war für seinen Sohn und mich allerdings weitaus weniger interessant, als die West-Zigaretten, die Herlt im Wohnzimmerschrank hatte. An denen haben wir uns heimlich und reichlich bedient. Was die Arbeit unserer Eltern angeht, haben die nie, wirklich nie, zu Hause darüber gesprochen. Uns Kindern hatten sie übrigens eingeschärft, dass wir, wenn jemand nach den Berufen unserer Eltern fragt, antworten sollten, dass sie beim Innenministerium arbeiten.«

Inzwischen sind Sven und ich auf unserem Spaziergang an der ehemaligen Kita angekommen. Ein Verein bietet dort jetzt Familien- und Kinderbetreuung an und eine Kiezkantine. Wir setzen uns an einen Tisch draußen im Garten. »Das ist ja noch echt ostdeutsche Küche«, grinst Sven, als unser Essen auf dem Tisch steht, Spirelli mit Thunfisch und Tomatensoße, die Portion für vier Euro. Der Kaffee aus der Filtermaschine wird stilecht in Mitropa-Tassen mit schmalem grünem Rand serviert. Ich habe unser altes Klassenfoto mitgebracht, zeige es Sven. Seine Schwester Ann-Maren ist

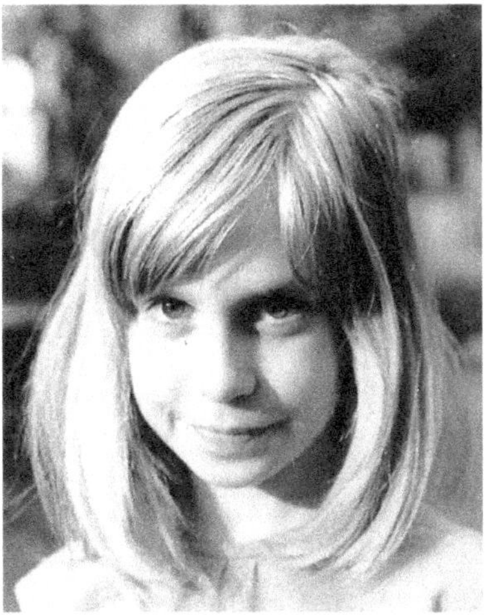

Ann-Maren Anfang der siebziger Jahre

die Einzige auf dem Bild, die lacht. Ihr Bruder staunt und meint: »Eigentlich war Ann-Maren ein stiller Mensch, ein unauffälliger. Das meine ich mit allem Respekt. Sie war zufrieden mit ihrem Leben, das letztlich ein ganz klassisches, unaufgeregtes DDR-Leben war. Ann-Maren hat nach der zehnten Klasse Herren-Maßschneiderin gelernt. Mit achtzehn war sie in einer festen Beziehung und mit neunzehn Mutter. Anfangs hat sie mit ihrem Sohn bei unseren Eltern auf der Fischerinsel gewohnt, später mit Mann und Kind in Baumschulenweg. In den Achtzigern hat sie ihren Meister gemacht und war Leiterin der Änderungsschneiderei im CENTRUM-Warenhaus am Ostbahnhof.«

Das Kaufhaus kenne ich natürlich. In den achtziger Jahren war ich gelegentlich Shoppen im Kaufhaus am Ostbahnhof. Schließlich war die Auswahl an Warenhäusern auch nicht besonders groß. Es gab ja nur zwei in Ostberlin, das große am Alex und das etwas kleinere am Ostbahnhof. In der Änderungsschneiderei war ich damals nicht, wenn ich mich richtig erinnere. Schade eigentlich. Ich hätte Ann-Maren noch mal sehen können.

Während meine Mitschülerin später also Schneiderin wurde, absolvierte ihr Bruder eine Ausbildung zum Stuckateur, arbeitete nach der Armeezeit in den Werkstätten der Deutschen Staatsoper, später als Friedhofsgärtner, bevor er schließlich bei einer Theatertruppe im Prenzlauer Berg landete. Die Theaterleute, sagt Sven, waren an ihm zunächst nur interessiert, weil er einen VW-Bus besaß. Den hatte er sich auf verschlungenen Wegen organisiert. Die Künstler brauchten dringend ein Fahrzeug für ihre Auftritte, Sven ebenso dringend einen sozialversicherungspflichtigen Job. Wer keine Arbeit und damit keine Kranken- und Rentenversicherung vorweisen konnte, dem drohte schlimmstenfalls Gefängnis. Grundlage war der sogenannte »Assi«-Paragraph 249 im Strafgesetzbuch, in dem es hieß »Wer … sich aus Arbeitsscheu einer geregelten Arbeit entzieht, obwohl er arbeitsfähig ist, wird mit Verurteilung auf Bewährung, Haftstrafe oder mit Freiheitsstrafe bis zu zwei Jahren bestraft.«

Die Theaterleute machten Sven schnell klar, dass sie ihn nicht nur pro forma einstellen wollten, sondern richtig. Sie brauchten jemanden mit handwerklichem Geschick für die Bühnenaufbauten.

Die Arbeit mit der Theatertruppe sei schön gewesen. Er sei aber immer mehr in eine destruktive Grundstimmung gerutscht. Er wollte raus aus dem Land. »Am elegantesten wäre die Variante gewesen, eine Frau aus dem Westen zu heiraten. Das Gute war, wenn du auf Grund einer Heirat ausgereist warst, konntest du jederzeit auch wieder zu Besuch in die DDR kommen. Dagegen ließen sie einen nicht wieder einreisen, wenn man mit einem normalen Ausreiseantrag gegangen und wenn man geflüchtet war, dann schon gar nicht.«

Das mit der Braut von drüben klappte nicht und 1984 hieß es in Ausreise-Kreisen im Prenzlauer Berg, jetzt müsse man einen Antrag stellen, gerade ginge es ganz schnell mit der Genehmigung.

»Ganz so schnell war es dann doch nicht«, meint Sven. »Ich habe von Frühjahr bis Weihnachten '84 warten müssen. Vorher hatte ich noch den Riesenkrach mit meinem Vater. Für den war meine Ausreise so was wie Landesverrat. Er hat mich angeschrien. ›Du wirst dieses Haus nie wieder betreten!‹, das waren seine Worte.«

Heute, meint Sven, weiß er, dass sein Vater und er wohl was Ähnliches wollten, eine bessere und gerechtere Welt. Was ihn im Westen erwarten würde, war ihm übrigens klar, als er ausreiste. Er habe sich da keine Illusionen gemacht. Er sei auch nicht wegen des vermeintlich besseren Systems rübergegangen, er wollte damals vor allem raus aus der DDR. Nicht zuletzt, um reisen zu können. Seine erste große Reise ging – natürlich – nach Schweden. Inzwischen sagt er, war

Sven, der Rebell, in den achtziger Jahren

er über vierzig Mal dort. Er hat als Einziger nach den Familienwurzeln gesucht. Schon im Sommer 1985 war er in Källeboda, dem Dorf, aus dem Uropa Sven Magnus nach Deutschland ausgewandert war.

»Von Schweden bin ich auch nach Norwegen gefahren und hatte an der Grenze ein prägendes Erlebnis. Grenze war für mich als Ossi etwas, das ich mit Mauer, Stacheldraht und Verbot verbunden hatte. Und dann stand da am Straßenrand nur ein einfaches Schild mit dem norwegischen Staatswappen und dem Wort »Norge«. Nichts weiter. Und rundherum waren nur Wald und die Straße, die von Schweden nach Norwegen führte. Da habe ich begriffen, dass es genau so sein muss, dass das der Normalzustand an einer Grenze sein muss.«

Sven lebte in Kreuzberg, die meisten seiner Freunde waren, wie er, Ex-Prenzlauer-Berger. Geld verdiente er mal bei einem Selbsthilfeprojekt, mal mit Schwarzarbeit auf dem Bau. Seine Schwester hat ihm regelmäßig geschrieben oder angerufen. »Sie war die Einzige in unserer Familie, die auch ganz fest zu mir gehalten hat, nachdem ich 1984 ausgereist bin«, fällt Sven noch ein. Im Sommer '87 organisierte Ann-Maren ein Familientreffen in Budapest. Der Vater durfte nichts davon wissen. Aber die Mutter ist mitgekommen in die ungarische Hauptstadt. »Ich war ja schließlich ihr Kind«, sagt Sven, »und meine Mutter hatte mich schon fast drei Jahre lang nicht gesehen! Mich in den Arm zu nehmen, war ihr wichtiger als irgendeine Staatsräson. Wir haben damals in Budapest sehr viel geweint, tagelang. Es konnte ja niemand wissen, dass zwei Jahre später die Mauer fällt.«

Als die Mauer fiel, stand ein paar Tage später die komplette Familie vor Svens Wohnungstür in Kreuzberg. »Mein Vater wollte mich sofort in den Arm nehmen. Aber ich habe gesagt: ›Nee, Papa, nicht so schnell! Erkläre mir erstmal, warum du mich damals verstoßen hast, als ich ausgereist bin?‹ Das hat er nicht gekonnt. Ihm fehlten die Worte. Das war vielleicht in unserer Familie immer das große Problem, Dinge auszusprechen und auch zu wissen, was man wirklich will. Das fing bei Opa an, der unbedingt Deutscher werden sollte, um in den Krieg ziehen zu können. Der wollte das wahrscheinlich gar nicht. Oder nimm unsere schwedischen Familienwurzeln. Bei uns in der Familie hat sich, außer mir, keiner für unsere Abstammung interessiert, auch nach der Wende nicht.«

Und wie ging es mit Ann-Maren weiter? »Die wollte sich als Schneidermeisterin selbständig machen, hatte auch bereits ein Ladenlokal in Baumschulenweg gefunden, und dann fiel die Mauer und meine Schwester hatte plötzlich Angst, sich beruflich selbständig zu machen. Sie hat stattdessen für eine Versicherung gearbeitet. Mit ihrem Mann lief es da schon nicht mehr so richtig. Die beiden haben sich getrennt. Und dann hat Ann-Maren ihre letzte große Liebe getroffen. Der Typ«, so beschreibt ihn mir Sven, »habe etwas von einem Hochstapler gehabt, nicht gerade gutaussehend, aber umso selbstsicherer im Auftreten, hat geprahlt mit seiner tollen Auftragslage und seinem einflussreichen Freundeskreis. Für den war meine Schwester etwas sehr Besonderes, eine gutaussehende Frau, die auf sich achtete, schlank war und vieles von dem hatte, was West-Männer wohl an Ost-Frauen fasziniert hat in den Neunzigern. Es hieß ja, die seien unkomplizierter, selbständiger, nicht so zickig und der Sex sei auch noch besser. Ann-Maren«, erinnert sich Sven, »war fasziniert von dem Mann, ihm geradezu verfallen. Vielleicht war es die Sehnsucht nach Sicherheit und einem Zuhause. Auf jeden Fall hat sich meine Schwester in dieser Beziehung total aufgelöst. Das Leben, dass sich jetzt anbahnte, das war durchaus nach ihrem Geschmack. Sie hat ja immer sehr auf ihr Äußeres geachtet, war immer gut gekleidet und nun schien plötzlich ein Leben auf einem gehobenen Standard möglich.«

Sven, 2020

Sie hat dem wohl auch ihr gesamtes Erspartes gegeben für das Haus, das sich beide gebaut haben. Dass der Kerl das Geld genommen, aber Ann-Maren nicht mit ins Grundbuch eingetragen hat, ist erst aufgeflogen, als eine neue Frau ins Spiel kam.

»Für meine Schwester ist in dem Moment wohl die Welt eingestürzt«, sagt Sven. Dass der Mann, der ihre letzte große Liebe war, sich von ihr nach fast zwei Jahrzehnten getrennt hat, das hat sie wohl einfach nicht verkraftet. Sie hat sich umgebracht.

Wir sind die letzten Mittagsgäste im Garten des Nachbarschaftstreffs. Inzwischen ist es kühl geworden. Wir schweigen eine Weile, als Sven mir vorschlägt, ihn mal in seinem Haus in Karlshorst zu besuchen.

Das Haus ist ein ehemaliges Polizeirevier. Im Keller steht ein alter Stahlschrank. »Hier hatten die ihre Pistolen drin, das war der Waffenschrank«, erzählt mir Sven gleich zur Begrüßung. Vor ein paar Jahren hat Ann-Marens Bruder das dreistöckige Gebäude gekauft, einige dringend notwendige Reparaturen machen lassen und vermietet seitdem zwei große WGs. »Dieses Haus hier ist mein Lebensprojekt«, erklärt er. »Mir geht es hier um eine bestimmte Atmosphäre, um Gemeinschaft. Die Mieter hier müssen zum Haus passen.« Die Mieter in Svens »Lebensprojekt« sind vor allem Studenten, aber auch eine Sozialarbeiterin und eine Gewerkschafterin haben sich Zimmer gemietet im einstigen Polizeirevier, in dem, bis auf den Waffenschrank, nichts mehr an die einstige Bestimmung erinnert. Das Treppenhaus entpuppt sich als wahres Kunstwerk. Die Wände sind bis hoch in die oberste Etage ein durchgängiges Gemälde, mythische Figuren, Pferde, kräftige Farben. »Das hat Mark gemalt, Elenas Sohn«, stellt Sven zufrieden fest. Elena ist seine Frau, Russin aus Sankt Petersburg. Sie haben sich vor ein paar Jahren über das Internet kennengelernt. Sven kocht Kaffee, wir sitzen in Elenas Zimmer, an den Wänden hängen bunte Tücher und ein paar Ikonen, an einer Stehlampe ein paar bunte Masken, es gibt Kerzen und Blumen.

Das Zimmer ist bunt, fröhlich und wie das gesamte Haus, angenehm unaufgeräumt, ein bisschen wie die Villa Kunterbunt, das Haus von Pippi Langstrumpf. Tatsächlich, finde ich, hat Sven etwas von Pippi, diesen Gerechtigkeitssinn und etwas Anarchisches. Seine Schwester Ann-Maren hätte bei der Besetzung einer Pippi Langstrumpf-Verfilmung prächtig in die Rolle der zurückhaltenden Annika gepasst. Ann-Maren und ihr Bruder Sven. Als Kinder und Jugendliche haben sie auf der Fischerinsel gelebt. »Und zwar behütet«, wirft Sven ein. »Die Kinder auf der Fischerinsel hatten in den frühen siebziger Jahren eine behütete Zeit. Die meisten lebten in funktionierenden Familien, nahezu alle in gesicherten Verhältnissen, hatten geregelte Abläufe und«, fügt der Dreiundsechzigjährige hinzu, »wir waren harmlos«.

Alles war und schien damals möglich und nichts unmöglich für die Kinder von der Fischerinsel. Wir waren eine Gemeinschaft, auch wenn wir längst nicht alles voneinander wussten. Von der Fischerinsel in Berlin-Mitte brachen wir in unterschiedliche Richtungen auf. Kerstin floh von hier im Kofferraum in den Westen, Marion ins Lehrlingswohnheim nach Neubrandenburg, Moritz zog sich mit seiner Mutter in die norddeutsche Abgeschiedenheit zurück, Barbara startete hier ihre Filmkarriere, Jörg kehrte nach einem halben Leben schließlich sogar zurück.

Wir haben alle unseren Platz gefunden. Der von Ann-Maren ist ein Grab in Weißensee.

Nur Sven ist irgendwie immer auf der Reise, auf der Suche. Ann-Marens Bruder ging Mitte der Achtziger nach Kreuzberg. Sofort nach dem Mauerfall kam er zurück in den Prenzlauer Berg, weil er »glaubte, dass jetzt eine gerechtere Welt geschaffen wird«. Etliche Monate in seinem Leben hat er inzwischen in Schweden verbracht, der Heimat seiner

Vorfahren. Irgendwann hat er dann das kleine Studentenwohnheim in Karlshorst eröffnet, diese »Villa Kunterbunt«. Vor zwei Jahren legte er sich, gemeinsam mit Elena, auch noch ein altes, ramponiertes Häuschen in Griechenland zu.

Hat das alles noch was zu tun mit seiner Kindheit auf der Fischerinsel, als alles möglich schien?

Vermutlich ja. Sven hat seine Möglichkeiten wohl noch längst nicht ausgeschöpft.

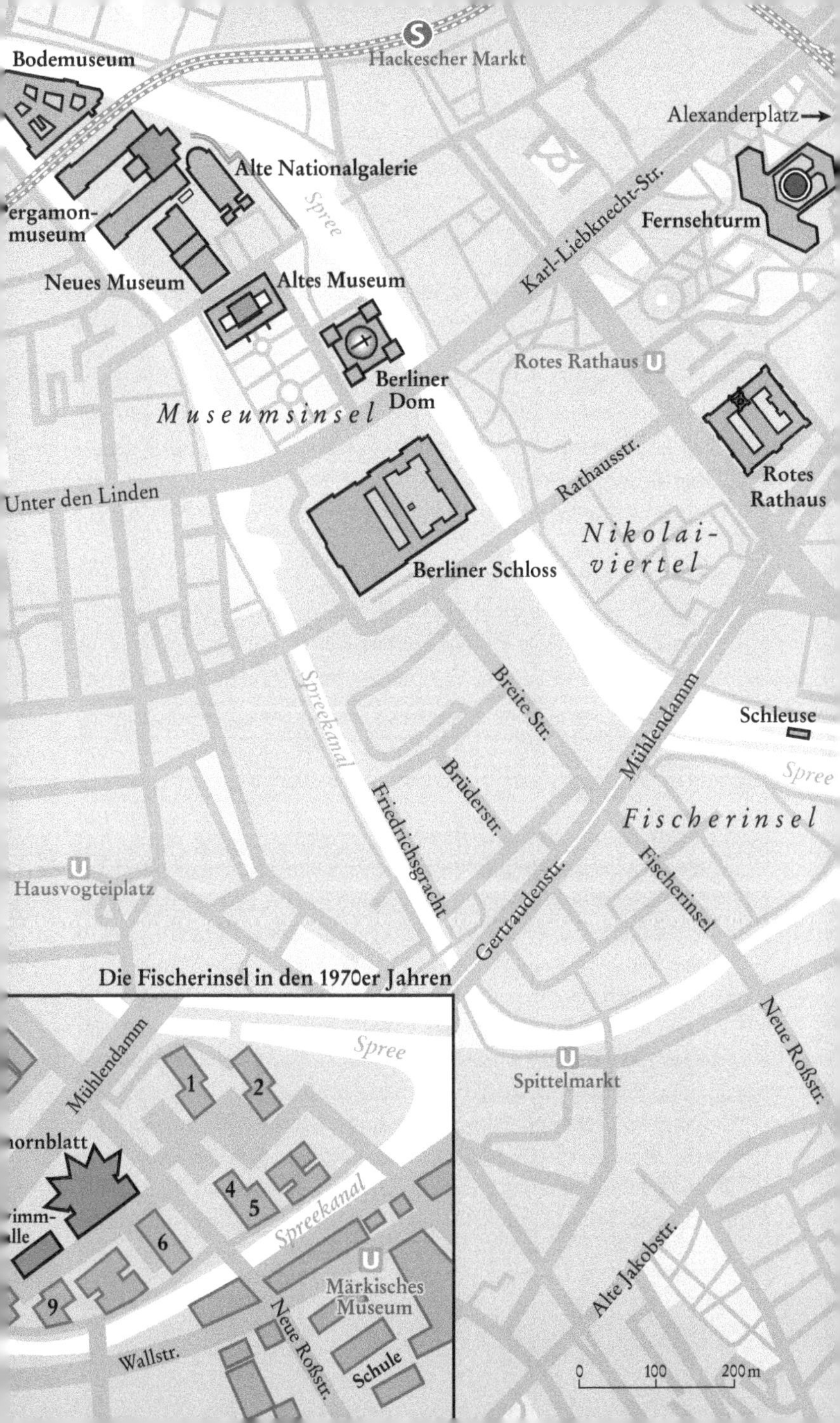

Hackescher Markt
Bodemuseum
Alexanderplatz →
Alte Nationalgalerie
ergamon-
museum
Spree
Fernsehturm
Karl-Liebknecht-Str.
Neues Museum
Altes Museum
Rotes Rathaus
Berliner
Dom
Museumsinsel
Rotes
Rathaus
Rathausstr.
Unter den Linden
Nikolai-
viertel
Berliner Schloss
Breite Str.
Spreekanal
Schleuse
Mühlendamm
Spree
Brüderstr.
Friedrichsgracht
Fischerinsel
Fischerinsel
Gertraudenstr.
Hausvogteiplatz
Die Fischerinsel in den 1970er Jahren
Neue Roßstr.
Spree
Spittelmarkt
Mühlendamm
1
2
ornblatt
4
5
imm-
lle
Spreekanal
6
Märkisches
Museum
9
Alte Jakobstr.
Neue Roßstr.
Wallstr.
Schule
0
100
200 m

Post-Scriptum

Die Fischerinsel heute

Postleizahl	10179
Fläche	8,6 Hektar
Einwohnerzahl	ca. 3.500
Durchschnittsalter	47,5 Jahre
Unter 18	10 Prozent
Über 65	27,8 Prozent
Arbeitslosigkeit	4,9 Prozent
Häufigster Familienname (2020)	Nguyen

Hochhaus-Typen

WHH GT 18 (Wohnhochhaus Großtafelbauweise 18 Geschosse). Ein modifizierter Typ mit 21 Geschossen.

Die Schule

Die ehemalige 15. Polytechnische Oberschule in der Wallstraße firmiert heute als Evangelische Schule Berlin-Zentrum

Prominente Fischerinsel-Bewohner*innen

Auswahl nach den Erinnerungen von Bewohner*innen der Fischerinsel: Celino Bleiweiß (Regisseur), Hannes Fischer (Schauspieler/Theaterintendant), Günter Herlt (Fernseh-Journalist), Marianne Hoebbel (Intendantin vom Jugendradio DT64), Klaus Hugo (Komponist), Sarah Kirsch (Dichterin), Hermann Klare (Chemiker/Präsident der Akademie der Wissenschaften), Volkmar Kleinert (Schauspieler), Herbert Köfer (Schaupieler), Hans Lucke (Schauspieler/Regisseur), Thomas Lück (Schlagersänger), Thomas Natschinski (Komponist/Bandleader), Konrad Naumann (Politiker), Roland Neudert (Sänger), Klaus Piontek (Schauspieler), Benno Pludra (Schriftsteller), Dean Reed (Schauspieler), Barbara Schnitzler (Schauspielerin), Ernst Scholz (Diplomat/Botschafter), Regina Thoss (Schlagersängerin), Markus

Grundriss der Vier-Raum-Wohnung der Ulrichs

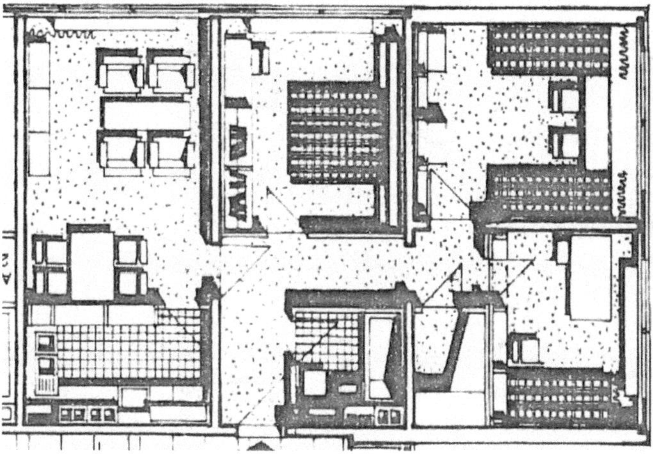

Nicht nur bei den Ulrichs standen die Möbel exakt dort, wo die Architekten es vorgesehen hatten. Es gab auch nicht gerade viele Alternativen

Fahnenappell an der 15. POS in den siebziger Jahren

Wolf (Auslandsgeheimdienstchef), Monika Woytowitz (Schauspielerin), Kurt Wünsche (Politiker/Minister), Rolf Zimmermann (Komponist).

Ahornblatt

Die Großgaststätte entstand nach Plänen des bekannten Bauingenieurs und Architekten Ulrich Müther (1934–2007). Müther war einer der Pioniere des Schalenbetonbaus und entwarf u.a. auch die Zeiss-Planetarien in Kuwait, Tripolis, Helsinki und Wolfsburg. Beim Bau auf der Fischerinsel erinnerten die fünf geschwungenen Dachelemente an ein Ahornblatt. Die Außenwände waren voll verglast. Lamellen dienten als Sonnenschutz.

Nachmittags und abends war das Ahornblatt öffentliche Gaststätte und am Wochenende Disco. Wochentags versorgte das Ahornblatt als Kantine die Schüler der 15. POS sowie Büro-Mitarbeiter aus der Gegend mit täglich 5.000 Mahlzeiten. Auf dem Speiseplan standen Nudeln mit Jägerschnitzel, Senf-Eier oder Blutwurst (»Tote Oma«) mit Sauerkraut. Gelegentlich lud das »Kollektiv der Gaststätte Ahornblatt« zu großen Bällen ein. Erhalten geblieben ist die Getränkekarte vom Silvesterball 1981.

2000 wurde das »Ahornblatt« abgerissen.

Das Ahornblatt im August 2000

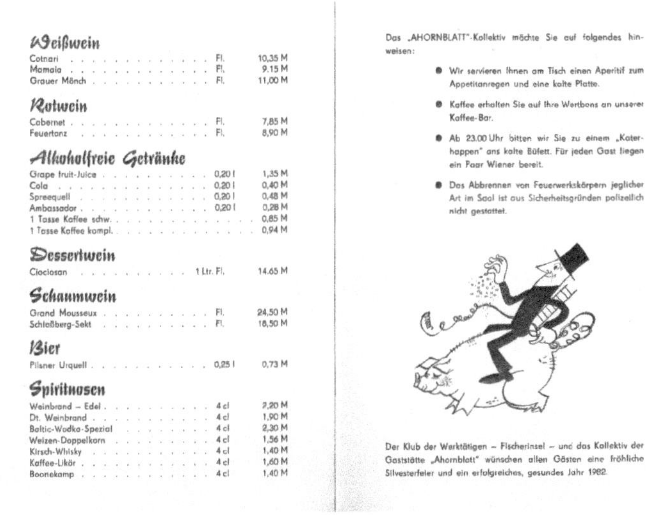

Weißwein

Cotnari	Fl.	10,35 M
Mamaia	Fl.	9.15 M
Grauer Mönch	Fl.	11,00 M

Rotwein

Cabernet	Fl.	7,85 M
Feuertanz	Fl.	8,90 M

Alkoholfreie Getränke

Grape fruit-Juice	0,20 l	1,35 M
Cola	0,20 l	0,40 M
Spreequell	0,20 l	0,48 M
Ambassador	0,20 l	0,28 M
1 Tasse Kaffee schw.		0,85 M
1 Tasse Kaffee kompl.		0,94 M

Dessertwein

Cioclosan	1 Ltr. Fl.	14.65 M

Schaumwein

Grand Mousseux	Fl.	24,50 M
Schloßberg-Sekt	Fl.	18,50 M

Bier

Pilsner Urquell	0,25 l	0,73 M

Spirituosen

Weinbrand – Edel	4 cl	2,20 M
Dt. Weinbrand	4 cl	1,90 M
Baltic-Wodka-Spezial	4 cl	2,30 M
Weizen-Doppelkorn	4 cl	1,56 M
Kirsch-Whisky	4 cl	1,40 M
Kaffee-Likör	4 cl	1,60 M
Boonekamp	4 cl	1,40 M

Das „AHORNBLATT"-Kollektiv möchte Sie auf folgendes hinweisen:

- Wir servieren Ihnen am Tisch einen Aperitif zum Appetitanregen und eine kalte Platte.
- Kaffee erhalten Sie auf Ihre Wertbons an unserer Kaffee-Bar.
- Ab 23.00 Uhr bitten wir Sie zu einem „Katerhappen" ans kalte Büfett. Für jeden Gast liegen ein Paar Wiener bereit.
- Das Abbrennen von Feuerwerkskörpern jeglicher Art im Saal ist aus Sicherheitsgründen polizeilich nicht gestattet.

Der Klub der Werktätigen – Fischerinsel – und das Kollektiv der Gaststätte „Ahornblatt" wünschen allen Gästen eine fröhliche Silvesterfeier und ein erfolgreiches, gesundes Jahr 1982.

Getränkekarte vom Silvesterball 1981 im »Ahornblatt«

Der Autor

1973

2020

Andreas Ulrich, geboren 1960 in Berlin, arbeitet als Reporter, Redakteur und Moderator für Fernsehen und Hörfunk des Rundfunks Berlin-Brandenburg (rbb). Seine Themen sind Sport, Politik und Zeitgeschichte. Ulrich ist Journalismus-Dozent u. a. an der Elektronischen Medienschule ems in Potsdam-Babelsberg und der Musikhochschule Karlsruhe. Als Buchautor widmet sich der Journalist immer wieder Geschichten aus Berlin. 2005 porträtierte er in »Zwei Kilometer Deutschland« fünfundzwanzig Menschen aus der einst durch die Mauer geteilten Swinemünder Straße. 2006 veröffentlichte er »Der Palast der Republik – ein Rückblick«. 2015 im be.bra verlag erschienen, erzählt er in »Torstraße 94« Lebensschicksale aus einem Berliner Mietshaus. Andreas Ulrich lebt in Berlin-Mitte, von 1970 bis 1981 wohnte er auf der Fischerinsel.